mathetreff-online

www.mathetreff-online.de

Längeneinheiten

einfach erklärt

1. Auflage: 01.01.18

ISBN: 9783746029122

Herstellung und Verlag: Books on Demand GmbH, Norderstedt

Inhaltsverzeichnis

1. Vorwort

Hallo!   *Sersheim, im Januar 2018*

Vielen Dank für den Kauf dieses Buches.

Mit der eigenen Buchreihe zur Website geht das mathetreff-online-Team einen Schritt weiter und kombiniert das Lernen online und offline zu einem Gesamtpaket. Angefangen als Hobby zweier Realschüler im Großraum Stuttgart wurde aus der kleinen Homepage bis heute ein wachsendes Portal – eine feste Größe innerhalb der Nische „Mathe lernen im Internet".

Die Website wurde damals im Jahr 2000 ins Leben gerufen, um den oft trockenen Lernstoff des Faches Mathematik für unsere Mitschüler und uns selbst aufzubereiten. Eben nur auf moderne Art und Weise, gemixt mit einer ordentlichen Portion Spaß. Auch wenn wir mittlerweile keine Schüler mehr sind und fest im (nicht akademischen) Berufsleben stehen, hat sich an diesem Grundgedanken nichts geändert.

Anhand der vielen Feedbacks versuchen wir ständig, die Website an die Bedürfnisse unserer Besucher anzupassen. Mehr über die Website findest du am Ende dieses Buches. Auch für dieses Buch wünschen wir uns konstruktive Rückmeldungen. Über die Positiven freuen wir uns natürlich besonders ☺!

Du erreichst uns per E-Mail ✉ (buch@mathetreff-online.de), über Facebook f (www.facebook.com/mathetreffonline), über Twitter (@mathetreffonlin – das „e" am Ende von „mathetreffonline" wollte Twitter nicht hergeben ☺).

Wenn dir dieses Buch besonders gut gefällt, empfehle es doch deinen Freunden, Mitschülern, Eltern oder auch deinen Lehrern weiter! Falls du in den sozialen Netzwerken aktiv bist, like 👍 uns doch auf Facebook und/oder folge uns auf Twitter.

Viel Spaß mit diesem Buch wünschen dir die Gründer von mathetreff-online

Philipp „Phil" Schrenk und Christian „Chris" Hensel

2. Längeneinheiten

2.1. Was ist eine Längeneinheit?

Sicherlich hast du schon einmal etwas von „2 Meter" oder „5 Kilometer" gehört oder gelesen. Diese Kombination aus einer Zahl und einem Wort wird **Größe** genannt. Das Wort wird dabei als **Einheit** bezeichnet. Eine solche Einheit ist ein fest definierter Wert wie z. B. Länge, Gewicht oder auch Währungen (Geld). Die Zahl vor der Einheit wird als **Maßzahl** bezeichnet. Sie gibt an, wie viel du von der Einheit hast. So bedeuten 2 Meter, du hast 2 mal einen Meter, 5 Kilometer bedeuten demnach, du hast 5 mal einen Kilometer.

Eine Längeneinheit ist eine Maßeinheit, mit der du die Entfernung zwischen zwei Punkten angibst. Die Länge wird mit dem Kleinbuchstaben l abgekürzt (l wie Länge). Die Länge zwischen zwei Punkten ergibt sich aus dem Abstand, den diese beiden Punkte zueinander haben. Längeneinheiten geben **Entfernungen** (z. B. 3,5 km) an, aber auch die **Maße**, z. B. die Länge eines Autos oder die **Menge** eines Gegenstandes, z. B. die Länge eines Stück Stoffes.

2.2. Vorsätze für Längeneinheiten

Jede Maßeinheit hat ihre eigene Grundeinheit. Bei den Längeneinheiten ist die Grundeinheit der Meter (siehe hierzu Kapitel 4 ab Seite 16). Mit ihr kannst du alles abmessen. Dies wird dann unpraktisch, wenn die Grundeinheit sehr groß oder klein dimensioniert ist. So muss immer mit einem Komma oder mit vielen Nullen gearbeitet werden. Stell dir einmal vor, es gäbe nur die Grundeinheit Meter. Dann wäre ein Kästchen in deinem Matheheft 0,005 Meter lang. Oder du müsstest 37.400 Meter in die nächste Stadt fahren. Du siehst, es wäre etwas unpraktisch. Daher hat man begonnen, die Grundeinheit in weitere Untereinheiten zusammenzufassen bzw. zu unterteilen, die nun die Handhabung wesentlich vereinfachen und die Schreibweise verkürzen.

Das kannst du dir etwa wie mit Sprudelflaschen und den Kisten vorstellen: Wenn du viele Sprudelflaschen einzeln transportieren musst, ist das sehr umständlich. Einfacher geht es, wenn du sie in Kisten stellst. Immer eine bestimmte Anzahl an Flaschen passen in eine Kiste, bis sie voll ist. Und genau so ist es mit den Vorsätzen und den Untereinheiten. Immer eine gewisse Menge an Untereinheiten bilden die nächst größere Untereinheit. Wenn du genügend Kisten zusammen hast, kannst du sie auf einer Palette stapeln, die dann der nächstgrößeren Untereinheit entspricht.

Für diese Untereinheiten hat man bestimmte Vorsätze gewählt, die vor dem eigentlichen Namen der Grundeinheit gesetzt werden. Nachfolgend habe ich dir die gängigen Vorsätze der Längeneinheiten als Tabelle zusammengefasst:

Bedeutung	Name	Abk.	Aussehen	Umrechnung	
Tausendfache	Kilo	k	1.000	· 10	diese Zahlen sind **größer** als 1 (> 1)
Hundertfache	Hekto	h	100	· 10	
Zehnfache	Deka	da	10	· 10	
Eins			1		
Zehntel	Dezi	d	0,1	: 10	diese Zahlen sind **kleiner** als 1 (< 1)
Hundertstel	Zenti	c	0,01	: 10	
Tausendstel	Milli	m	0,001	: 10	

Die Bedeutung der Vorsätze ist jeweils Deka für das 10-fache, Hekto für das 100-fache und Kilo für das 1.000-fache sowie Dezi für den 10-ten Teil, Zenti für den 100-sten Teil und Milli für den 1.000 sten Teil.

Es gibt darüber hinaus noch weitere Vorsätze, diese werden jedoch äußerst selten oder nur in speziellen Fachbereichen verwendet. Für die Schulmathematik reichen die oben aufgezeigten 6 Vorsätze aus, wobei die beiden Vorsätze Hekto und Deka kaum Anwendung finden.

Wenn du diese Vorsätze vor die Grundeinheit Meter setzt, erhältst du die nachfolgenden sieben Untereinheiten:

Name	Symbol	Größe	Länge
Kilometer	km	$10 \cdot 1$ hm	1.000 m
Hektometer	hm	$10 \cdot 1$ dam	100 m
Dekameter	dam	$10 \cdot 1$ m	10 m
Meter	m	1 m	1 m
Dezimeter	dm	$\frac{1}{10}$ m	$\frac{1}{10}$ m (0,1 m)
Zentimeter	cm	$\frac{1}{10}$ dm	$\frac{1}{100}$ m (0,01 m)
Millimeter	mm	$\frac{1}{10}$ cm	$\frac{1}{1.000}$ m (0,001 m)

Größe der Untereinheit

Bei den Längeneinheiten gibt es im Gegensatz zu andern Einheiten viele Untereinheiten. Die gängigen sind neben Zentimeter und Millimeter auch Kilometer. Die vielen Untereinheiten kommen daher zustande, dass bei den Längeneinheiten sehr kleine Sprünge gemacht worden sind. So bedeutet der Vorsatz »Kilo« das Tausendfache (1.000). Ein Kilometer sind 1.000 Meter. Der Vorsatz »Zenti« bedeutet hingegen der hundertste Teil (0,01). Ein Zentimeter ist daher 0,01 Meter.

Durch die Untereinheiten ist nun ein Kästchen in deinem Matheheft 5 Millimeter (statt 0,005 Meter) lang und die Entfernung zur nächsten Stadt beträgt nun 37,4 Kilometer (statt 37.400 Meter).

3. Zwischen den Untereinheiten umrechnen

Wenn vor einer Einheit ein Vorsatz steht, spricht man häufig auch von einer **Untereinheit**. So ist Zentimeter eine Untereinheit der Grundeinheit Meter. Du kannst beliebig zwischen den Untereinheiten hin und her umrechnen. Dies ist dann wichtig, wenn in einer Rechnung mehrere verschiedene Untereinheiten auftauchen, da du generell nur mit Einheiten rechnen kannst, wenn diese gleich sind. Wenn du von einer Untereinheit in eine andere wechselst, benötigst du den sogenannten **Umrechnungsfaktor**. Jede Einheit hat dabei ihren eigenen Umrechnungsfaktor, der bei den jeweiligen Untereinheiten immer gleich bleibt. Das bedeutet, zwischen Meter und Dekameter hast du den gleichen Umrechnungsfaktor wie zwischen Zentimeter und Millimeter.

3.1. Der Umrechnungsfaktor

Vergleichst du die Vorsätze-Tabelle auf Seite 5, stellst du fest, dass es von einem Vorsatz zum nächsten immer 10 ist. Die magische Zahl, die bei allen Vorsätzen gleich ist, lautet **10**. Diese Zahl wird auch Umrechnungsfaktor genannt. Du benötigst ihn, wenn du von einer Untereinheit in eine andere Untereinheit umrechnen willst.

- Um von einer kleineren in eine größere Untereinheit umzurechnen, musst du die Maßzahl mit **10 dividieren**.
- Um von einer größeren in eine kleinere Untereinheit umzurechnen, musst du die Maßzahl mit **10 multiplizieren**.

3.2. Von groß nach klein

Rechnest du von einer größeren Untereinheit in eine kleinere Untereinheit um, beispielsweise von Dezimeter in Zentimeter, so musst du die Maßzahl mit dem **Umrechnungsfaktor 10 multiplizieren** (mal nehmen). Bildlich kannst du dir das so vorstellen: Du zerschneidest die größere Untereinheit gemäß dem Umrechnungsfaktor in die kleinere Untereinheit und erhältst dabei **viele** kleine Stücke. Du hast am Ende **mehr** Stücke, also musst du **m**ultiplizieren (merke dir einfach: mehr = multiplizieren).

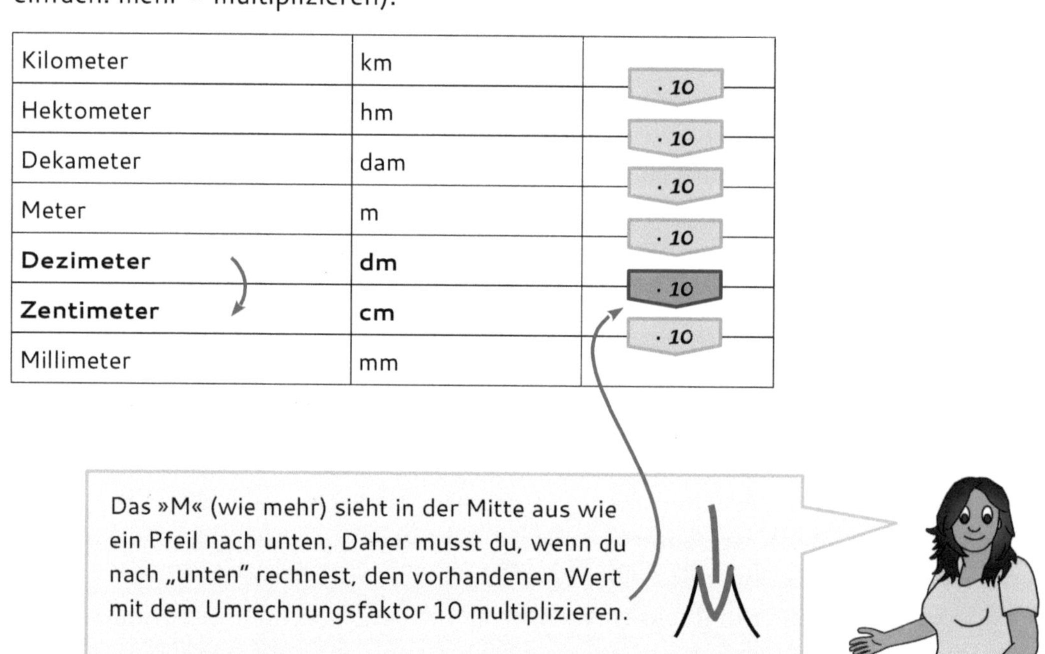

Kilometer	km	
		· 10
Hektometer	hm	
		· 10
Dekameter	dam	
		· 10
Meter	m	
		· 10
Dezimeter	**dm**	
		· 10
Zentimeter	**cm**	
		· 10
Millimeter	mm	

Der Umrechnungsfaktor bei Längeneinheiten beträgt 10. Willst du eine größere Untereinheit in eine kleinere Untereinheit umrechnen, so musst du die Maßzahl mit 10 multiplizieren. Um beispielsweise 1 Dezimeter in Zentimeter umzurechnen, multipliziere die Maßzahl mit 10. Durch die Umrechnung erhält die Größe auch eine neue Untereinheit, die die bisherige Untereinheit ersetzt: 1 dm (· 10) = 10 cm.

Nachfolgend werden wir gemeinsam 1 Dezimeter in Zentimeter umrechnen. Damit du dir bildlich vorstellen kannst, was bei der Umrechnung passiert, nehmen wir einen

Papierstreifen mit der Länge von 1 Dezimeter zur Hilfe. Da du von einer größeren Untereinheit in eine kleinere Untereinheit umrechnest, musst du mit dem Umrechnungsfaktor **multiplizieren**. Du erhältst dabei **mehrere** kleine Stücke. Bildlich gesehen schneidest du den Dezimeterstreifen in zehn gleich große Stücke. Die nächstkleinere Einheit nach Dezimeter ist Zentimeter, daher ist ein Stück 1 Zentimeter lang.

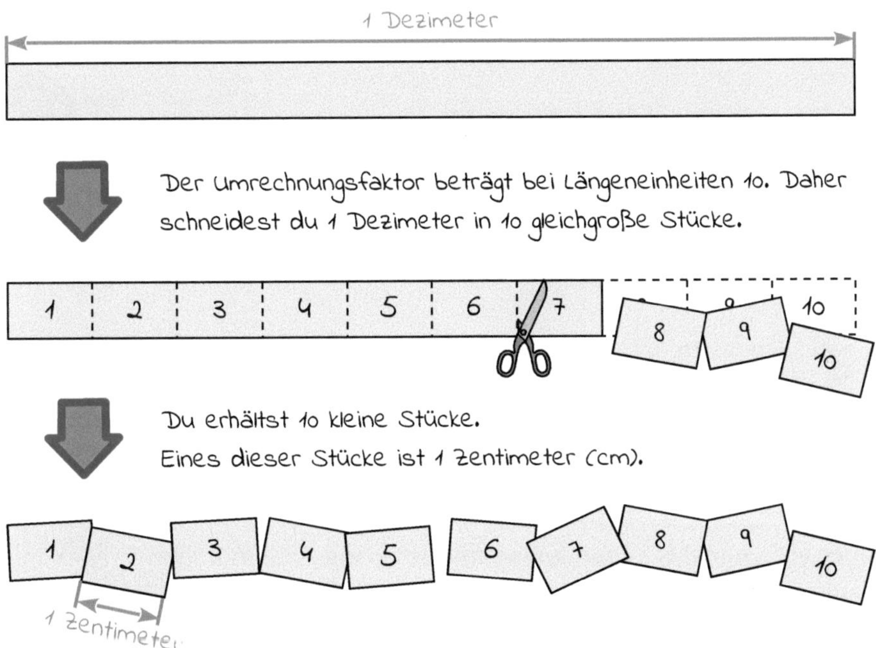

Ich zeige dir nun schemenhaft, wie du einen Dezimeterwert in Zentimeter umrechnest. Bei den anderen Untereinheiten ist die Vorgehensweise identisch.

So rechnest du zwischen zwei Untereinheiten um	So sieht es aus
Du sollst diese Länge in Zentimeter umrechnen.	5 dm = ? cm
1. Schaue zuerst nach, in welche Richtung du umrechnest: Du rechnest von einer größeren in eine kleinere Untereinheit (↓) und musst daher **multiplizieren**.	Richtung ↓ =multiplizieren
2. Bei Längeneinheiten beträgt der Umrechnungsfaktor **10**.	Umrechnungsfaktor 10
3. Multipliziere die Maßzahl (5) mit dem Umrechnungsfaktor (10): 5 · 10 = 50.	5 · 10 = 50

So rechnest du zwischen zwei Untereinheiten um	So sieht es aus
4. Hänge zum Schluss die **neue Untereinheit** Zentimeter (cm) an die eben berechnete Maßzahl.	50 cm
5. 5 Dezimeter entsprechen 50 Zentimeter.	5 dm = 50 cm

Du kannst natürlich auch **über mehrere Untereinheiten umrechnen**, z. B. von Meter nach Zentimeter. Dabei hast du mehrere Möglichkeiten: schrittweise oder auf einmal. Wenn du lieber schrittweise vorgehen willst, dann rechnest du immer von einer Untereinheit auf die nächstkleinere: Zuerst von Meter auf Dezimeter und anschließend von Dezimeter auf Zentimeter. Der Umrechnungsfaktor beträgt dabei jeweils **10**.

Wenn du lieber auf einmal rechnen willst, musst du die Zahlen in den Pfeilen miteinander multiplizieren, die zwischen diesen Untereinheiten liegen. Zwischen Meter und Zentimeter liegen zwei Pfeile. Der erste Pfeil zwischen Meter auf Dezimeter, der zweite Pfeil zwischen Dezimeter auf Zentimeter. Auf jedem Pfeil steht 10. Nun multiplizierst du diese beiden Werte miteinander: 10 · 10 = 100. Der kombinierte Umrechnungsfaktor beträgt 100. Mit ihm multiplizierst du nun den Meterwert.

Kilometer	km
Hektometer	hm
Dekameter	dam
Meter	**m**
Dezimeter	**dm**
Zentimeter	**cm**
Millimeter	mm

Ich zeige dir nun schemenhaft, wie du einen Meterwert in Zentimeter umrechnest. Bei den anderen Untereinheiten ist die Vorgehensweise identisch.

So rechnest du über mehrere Untereinheiten um	So sieht es aus
Du sollst diese Länge in Zentimeter umrechnen.	$7\,m = ?\,cm$
1. Schaue zuerst nach, in welche Richtung du umrechnest: Du rechnest von einer größeren in eine kleinere Untereinheit (↓) und musst daher **multiplizieren**.	Richtung ↓ = multiplizieren
2. Bei Längeneinheiten beträgt der Umrechnungsfaktor **10**.	Umrechnungsfaktor 10
3. Du rechnest über zwei Untereinheiten hinweg (2 Pfeile), daher musst du beide Zahlen auf den Pfeilen multiplizieren: **10 · 10 = 100**. Diese 100 ist der kombinierte Umrechnungsfaktor.	10 · 10 = 100
4. Multipliziere die Maßzahl (7) mit dem kombinierten Umrechnungsfaktor (100): **7 · 100 = 700**.	7 · 100 = 700
5. Hänge zum Schluss die **neue Untereinheit** Zentimeter (cm) an die eben berechnete Maßzahl.	700 cm
6. 7 Meter entsprechen 700 Zentimeter.	$7\,m = 700\,cm$

3.3. Von klein nach groß

Rechnest du von einer kleineren Untereinheit in eine größere Untereinheit um, beispielsweise von Zentimeter in Dezimeter, so musst du die Maßzahl mit dem Umrechnungsfaktor **10 dividieren** (teilen). Bildlich kannst du dir das so vorstellen: Du klebst die kleinere Untereinheit gemäß dem Umrechnungsfaktor zu einer größeren Untereinheit zusammen und erhältst dadurch **wenige** große Stücke. Du hast am Ende **weniger** Stücke, also musst du **d**ividieren (merke dir: weniger = dividieren).

Kilometer	km	
Hektometer	hm	: 10
Dekameter	dam	: 10
Meter	m	: 10
Dezimeter	**dm**	: 10
Zentimeter	**cm**	: 10
Millimeter	mm	: 10

Das »W« (wie weniger) sieht in der Mitte aus wie ein Pfeil nach oben. Daher musst du, wenn du nach „oben" rechnest, den vorhandenen Wert mit dem Umrechnungsfaktor 10 dividieren.

Der Umrechnungsfaktor bei Längeneinheiten beträgt 10. Willst du eine kleinere Untereinheit in eine größere Untereinheit umrechnen, so musst du die Maßzahl durch 10 dividieren. Um beispielsweise 10 Zentimeter in Dezimeter umzurechnen, dividiere die Maßzahl durch 10. Durch die Umrechnung erhält die Größe auch eine neue Untereinheit, die die bisherige Untereinheit ersetzt: 10 cm (: 10) = 1 dm.

Nachfolgend werden wir gemeinsam 10 Zentimeter in Dezimeter umrechnen. Damit du dir bildlich vorstellen kannst, was bei der Umrechnung passiert, nehmen wir unsere

Papierstücke von vorhin mit einer Länge von 1 Zentimeter zur Hilfe. Da du jetzt von einer kleineren Untereinheit in die größere Untereinheit umrechnest, musst du mit dem Umrechnungsfaktor **dividieren**. Du erhältst dabei **weniger** Stücke. Bildlich gesehen klebst du immer zehn dieser 1-Zentimeterstücke zu einem Streifen zusammen. Die nächstgrößere Einheit nach Zentimeter ist Dezimeter, daher ist ein solcher Streifen aus den zehn 1-Zentimeterstücken 1 Dezimeter lang.

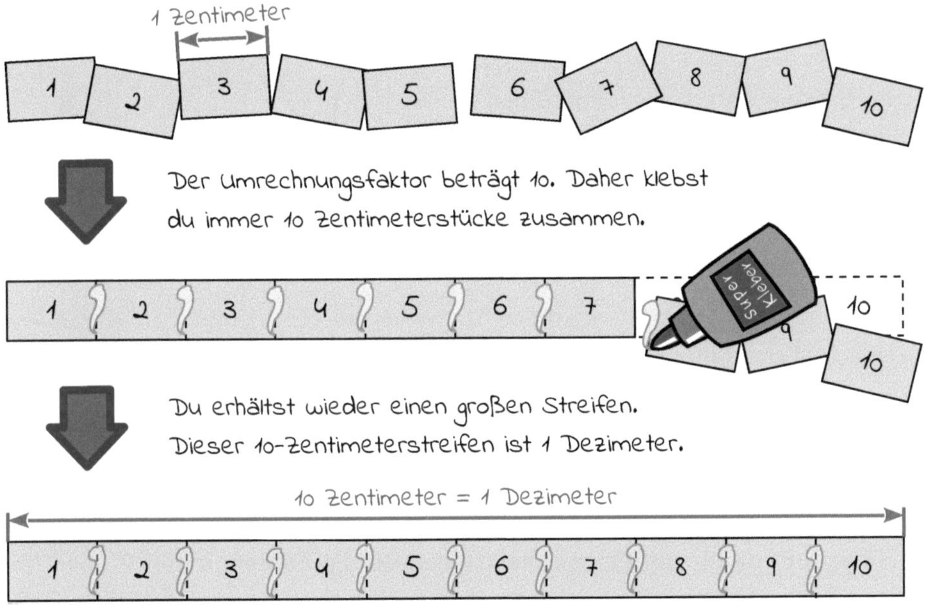

Ich zeige dir nun schemenhaft, wie du einen Zentimeterwert in Dezimeter umrechnest. Bei den anderen Untereinheiten ist die Vorgehensweise identisch.

So rechnest du zwischen zwei Untereinheiten um	So sieht es aus
Du sollst diese Länge in Dezimeter umrechnen.	50 cm = ? dm
1. Schaue zuerst nach, in welche Richtung du umrechnest: Du rechnest von einer kleineren in eine größere Untereinheit (↑) und musst daher **dividieren**.	Richtung ↑ = dividieren
2. Bei Längeneinheiten beträgt der Umrechnungsfaktor **10**.	Umrechnungsfaktor 10
3. Dividiere die Maßzahl (50) durch den Umrechnungsfaktor (10): **50 : 10 = 5**.	50 : 10 = 5

So rechnest du zwischen zwei Untereinheiten um	So sieht es aus
4. Hänge zum Schluss die **neue Untereinheit** Dezimeter (dm) an die eben berechnete Maßzahl.	5dm
5. 50 Zentimeter entsprechen 5 Dezimeter.	50cm=5dm

Wenn du von einer kleineren Untereinheit in eine größere Untereinheit umrechnen willst, musst du die Maßzahl durch die Zahl auf dem Umrechnungspfeil nach oben dividieren (: 10). Die Maßzahl wird dabei kleiner.

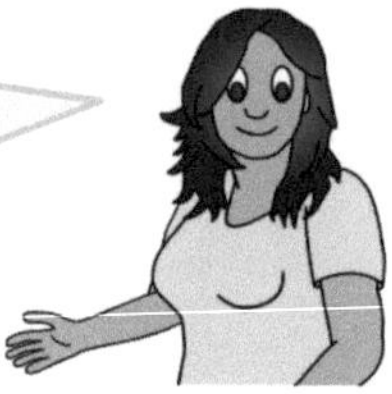

Du kannst natürlich auch **über mehrere Untereinheiten umrechnen**, z. B. von Zentimeter nach Meter. Dabei hast du mehrere Möglichkeiten: schrittweise oder auf einmal. Wenn du lieber schrittweise vorgehen willst, dann rechnest du immer von einer Untereinheit auf die nächstgrößere: Zuerst von Zentimeter auf Dezimeter und anschließend von Dezimeter auf Meter. Der Umrechnungsfaktor beträgt dabei jeweils **10**.

Wenn du lieber auf einmal rechnen willst, musst du die Zahlen in den Pfeilen miteinander multiplizieren, die zwischen diesen Untereinheiten liegen. Zwischen Zentimeter und Meter liegen zwei Pfeile. Der erste Pfeil zwischen Zentimeter auf Dezimeter, der zweite Pfeil zwischen Dezimeter auf Meter. Auf jedem Pfeil steht 10. Nun multiplizierst du diese beiden Werte miteinander: 10 · 10 = 100. Der kombinierte Umrechnungsfaktor beträgt 100. Durch ihn dividierst du nun den Meterwert.

Kilometer	km	
		: 10
Hektometer	hm	
		: 10
Dekameter	dam	
		: 10
Meter	**m**	
		: 10
Dezimeter	**dm**	
		: 10
Zentimeter	**cm**	
		: 10
Millimeter	mm	

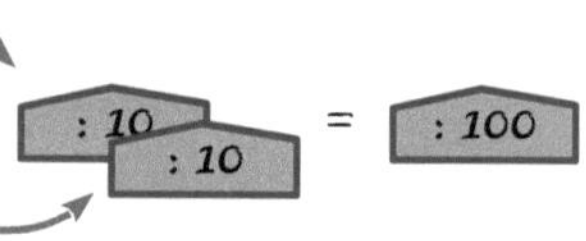

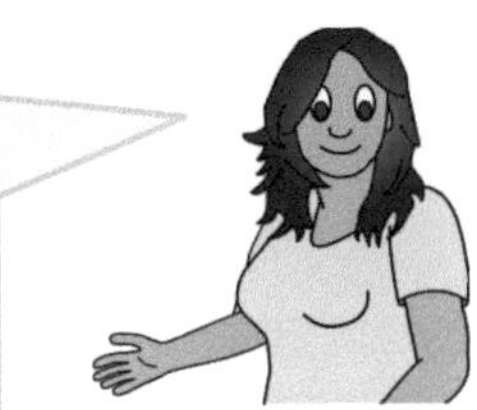

Ich zeige dir nun schemenhaft, wie du einen Zentimeterwert in Meter umrechnest. Bei den anderen Untereinheiten ist die Vorgehensweise identisch.

So rechnest du über mehrere Untereinheiten um	So sieht es aus
Du sollst diese Länge in Meter umrechnen.	`700cm=?m`
1. Schaue zuerst nach, in welche Richtung du umrechnest: Du rechnest von einer kleineren in eine größere Untereinheit (↑) und musst daher **dividieren**.	`Richtung ↑` `=dividieren`
2. Bei Längeneinheiten beträgt der Umrechnungsfaktor **10**.	`Umrechnungsfaktor` `10`
3. Du rechnest über zwei Untereinheiten hinweg (2 Pfeile), daher musst du beide Zahlen auf den Pfeilen multiplizieren: **10 · 10 = 100**. Diese 100 ist der kombinierte Umrechnungsfaktor.	`10·10` `=100`
4. Dividiere die Maßzahl (700) mit dem kombinierten Umrechnungsfaktor: **700 : 100 = 7**.	`700:100` `=7`
5. Hänge zum Schluss die **neue Untereinheit** Meter (m) an die eben berechnete Maßzahl.	`7m`
6. 700 Zentimeter entsprechen 7 Meter.	`700cm=7m`

4. Die Grundeinheit Meter

Das Wort Meter stammt vom griechischen Wort »métron« ab, das übersetzt soviel wie Maß, Werkzeug zum Messen oder Länge bedeutet.

4.1. Die Entstehung des Meters

Die Längeneinheiten, die du heute kennst, gibt es erst seit etwa 300 Jahren. Als es davor noch keine Einheiten gab, halfen sich die Menschen mit **Hilfsmaßeinheiten** und das, was sie meistens dabei hatten: ihre Gliedmaßen. Für kurze Entfernungen gab es beispielsweise die Einheiten Fingerbreite oder Handspanne, für längere Entfernungen Elle, Fuß oder Schritt. Nun gab es dabei ein Problem, denn die Menschen waren alle unterschiedlich groß und daher fielen auch die entsprechenden Maße unterschiedlich aus. Meistens hat der Landesfürst mit seinen eigenen Körpermaßen die jeweiligen Maße in seinem Reich bestimmt (siehe auch Kapitel 5 auf Seite 26).

Der französische Abt und Geodät Jean Picard schlug im Jahre 1668 vor, als fest definierte Längeneinheit die Länge eines Pendels zu nehmen, das eine halbe Periodendauer von einer Sekunde hat. Dieses Pendel hatte die Länge von etwa 0,994 Meter, was fast der heutigen Definition eines Meters entspricht.

Im Jahr 1735 startete die Pariser Akademie der Wissenschaften zwei Expeditionen ins heutige Ecuador und nach Lappland, um die genauen Abmessungen der Erde festzustellen. 58 Jahre später legte der französische Nationalkonvent 1793 ein neues Längenmaß fest: Der Meter sollte der 10-millionste Teil der Entfernung vom Nordpol über Paris zum Äquator betragen. Ein

Prototyp dieses Meters (**Ur-Meter**) wurde 1795 als Messingstab gegossen. Er hatte eine Länge von 1,00013 Meter, war also nur 0,13 Millimeter länger als die heutige Definition. So konnte jeder seine Länge mit diesem Stab vergleichen.

Zwischen 1792 und 1799 wurde die Meridianbogenlänge (Längengrad) zwischen Dünkirchen und Barcelona erneut vermessen. Mit einer Kombination aus der Ecuador-Lappland-Messung ergab sich ein neuer Wert, der 1799 für verbindlich erklärt wurde. Auch diese Länge wurde als Platinstab gegossen. Im Vergleich zum heutigen Meter war er etwa 0,2 Millimeter zu kurz. Dieser Stab wurde dann 30 mal kopiert, um ihn in alle Welt zu verschicken. Obwohl man bei der Herstellung sehr genau vorging, merkte man, dass die Anfertigung von Kopien zu ungewollten Abweichungen führte.

Daraus kam die Idee, die Definition über eine Wellenlänge zu bestimmen. Ein Meter wurde daraufhin wie folgt festgelegt: 1 Meter ist das 1.650.763,73-fache (1,6 Millionenfache) der Wellenlänge der von Atomen des Edelgases ^{86}Krypton beim Übergang vom Zustand $5d_5$ zum Zustand $2p_{10}$ ausgesandten, sich im Vakuum ausbreitenden Strahlung. Wer die notwendige Fachkenntnis und die Ausrüstung besaß, konnte über diese Definition die Länge eines Meters an jedem beliebigen Ort reproduzieren...

So wurde im Jahr 1983 wieder eine neue Längendefinition für den Meter eingeführt: 1 Meter ist die Strecke, die das Licht im Vakuum während der Dauer von einer 299.792.485-stel (299,7 millionstel) Sekunde zurücklegt. Dieser krumme Wert wurde absichtlich gewählt, um möglichst nahe am Urmeter zu liegen. Da das Licht für 1 Meter eine 299.792.485-stel Sekunde benötigt, ist der Umkehrschluss daraus, dass das Licht in 1 Sekunde die riesige Entfernung von 299.792.485 m (fast 300.000 km) zurücklegt. Diese Entfernung wird auch als Lichtsekunde bezeichnet.

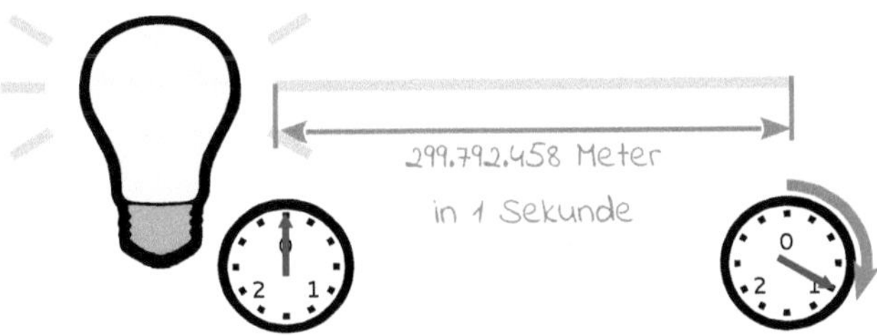

Die unten abgebildete Linie stellt eine »Einheitenleine« dar. An diese Leine hängen wir im Laufe dieses Buches alle Längeneinheiten auf. So kannst du immer die Einordnung der Einheit sehen. Die Grundeinheit »Meter« hängt als erste Einheit in der Mitte der Leine:

4.2. Vorsätze für Teile eines Meters

Die Länge von einem Meter war inzwischen fest definiert. Damit konnte schon eine Menge gemessen werden. Umständlich wurde es bei Längen, die viel **kleiner** als ein Meter waren. Die Angaben mussten dann immer in Kommaschreibweise und unter Umständen mit vielen Nullen geschrieben werden, was sich im Alltag als nicht sehr praxis-tauglich herausstellte. Daher wurden Vorsätze eingeführt und vor die Grund-einheit geschrieben. Bei Meter wurden hauptsächlich die Vorsätze Dezi (für ein Zehntel), Zenti (für ein Hundertstel) und Milli (für ein Tausendstel) verwendet.

Dezimeter

Wir teilen 1 Meter in 10 gleichgroße Stücke. Ein solches Stück ist ein Zehntel Meter, also 0,1 Meter (1 m : 10 = 0,1 m). Diese Länge wird **Dezimeter** genannt und mit den Kleinbuchstaben **dm** abgekürzt (0,1 m = 1 dm). Das Wort Dezimeter setzt sich aus den beiden Wörtern »Dezi« und »Meter« zusammen. Der Vorsatz »Dezi« stammt vom griechischen Wort »decimus« ab, das zehnter (Teil) bedeutet. Daher ist 1 Dezimeter der zehnte Teil eines Meters (1 dm = 0,1 m bzw. 10 dm = 1 m).

mathetreff-online

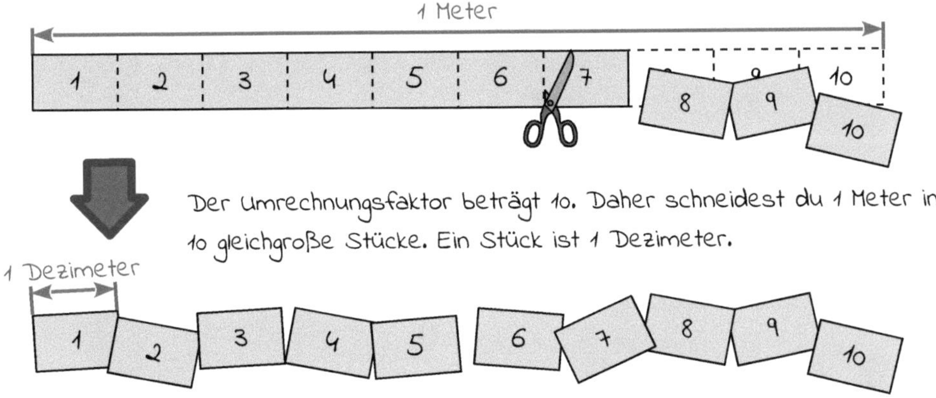

Ergänze auf der Einheitenleine die Längeneinheit »Dezimeter«. Da sie kleiner als die Grundeinheit Meter ist, wird sie links von ihr aufgehängt:

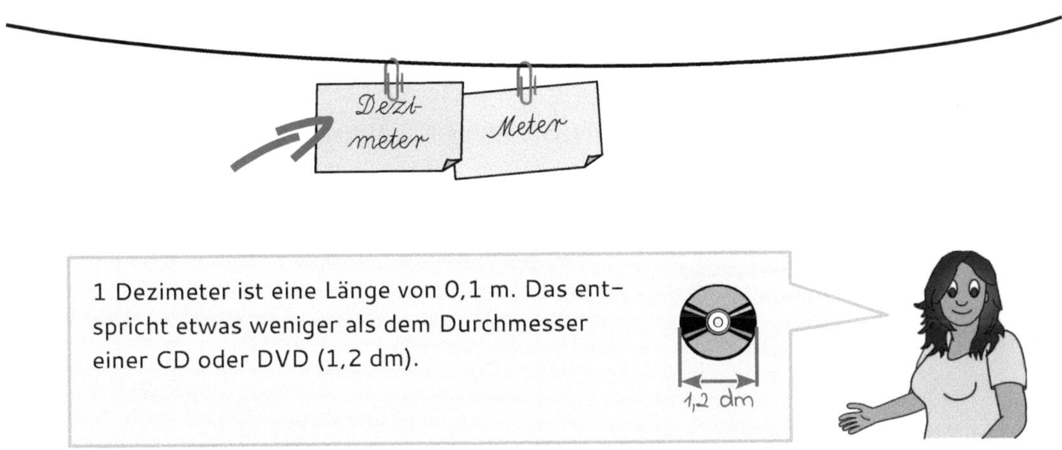

Zentimeter

Wenn du ein Dezimeterstück in 10 gleichgroße Stücke teilst, erhältst du wieder eine neue Untereinheit. Ein solches Stück ist ein Zehntel eines Dezimeters (1 dm : 10 = 0,1 dm). Da ein Dezimeter bereits ein Zehntel eines Meters darstellt, ist so ein Stück ein Hundertstel eines Meters (0,01 m). Wenn du beide Umrechnungsfaktoren multiplizierst, erhältst du die Zahl 100 (10 · 10 = 100). Diese neue Länge wird **Zentimeter** genannt und mit den Kleinbuchstaben **cm** abgekürzt (0,1 dm = 1 cm). Das Wort Zentimeter setzt sich aus den beiden Wörtern »Zenti« und »Meter« zusammen. Der Vorsatz

»Zenti« stammt vom lateinischen Wort »centesimus« ab, das hundertster (Teil) bedeutet. Daher ist 1 Zentimeter der hundertste Teil eines Meters (1 cm = 0,01 m bzw. 100 cm = 1 m).

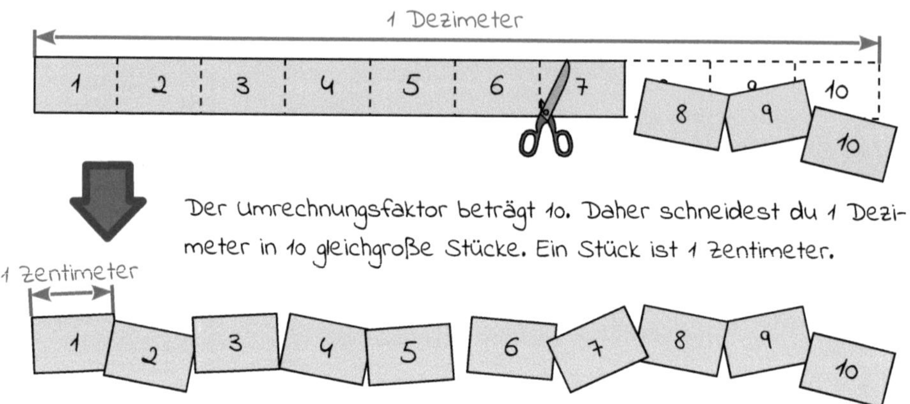

Ergänze auf der Einheitenleine die Längeneinheit »Zentimeter«. Da sie kleiner als die Untereinheit Dezimeter ist, wird sie links von ihr aufgehängt:

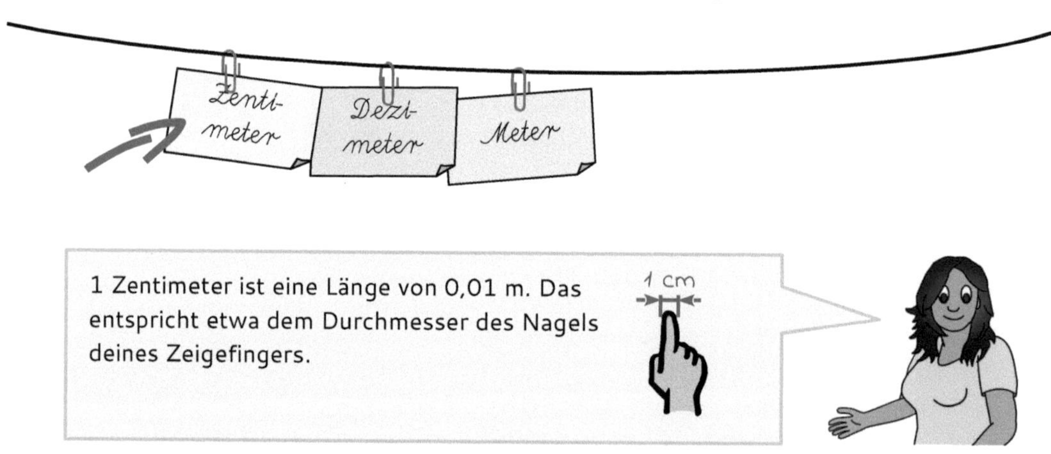

Millimeter

Wenn du ein Zentimeterstück in 10 gleichgroße Stücke teilst, erhältst du wieder eine neue Untereinheit. Ein solches Stück ist ein Zehntel eines Zentimeters (1 cm : 10 = 0,1 cm). Da ein Zentimeter bereits ein Hundertstel eines Meters darstellt, ist so ein Stück ein Tausendstel eines Meters (0,001 m). Wenn du nun beide Umrechnungsfaktoren multiplizierst, erhältst du die Zahl 1.000 (10 · 100 = 1.000). Diese neue Länge wird **Millimeter** genannt und mit den Kleinbuchstaben **mm** abgekürzt (0,1 cm = 1 mm). Das Wort Millimeter setzt sich aus den beiden Wörtern »Milli« und »Meter« zusammen. Der Vorsatz »Milli« stammt vom lateinischen Wort »millesimus« ab, das tausendster (Teil) bedeutet. Daher ist 1 Millimeter der tausendste Teil eines Meters (1 mm = 0,001 m bzw. 1.000 mm = 1 m).

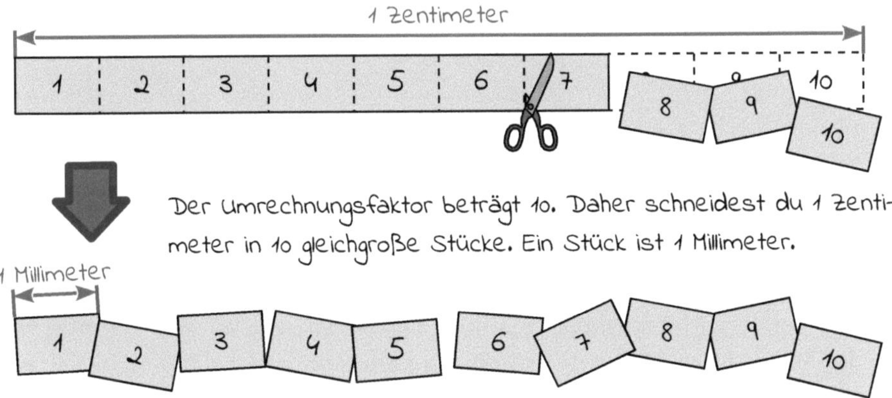

Ergänze auf der Einheitenleine die Längeneinheit »Millimeter«. Da sie kleiner als die Untereinheit Zentimeter ist, wird sie links von ihr aufgehängt:

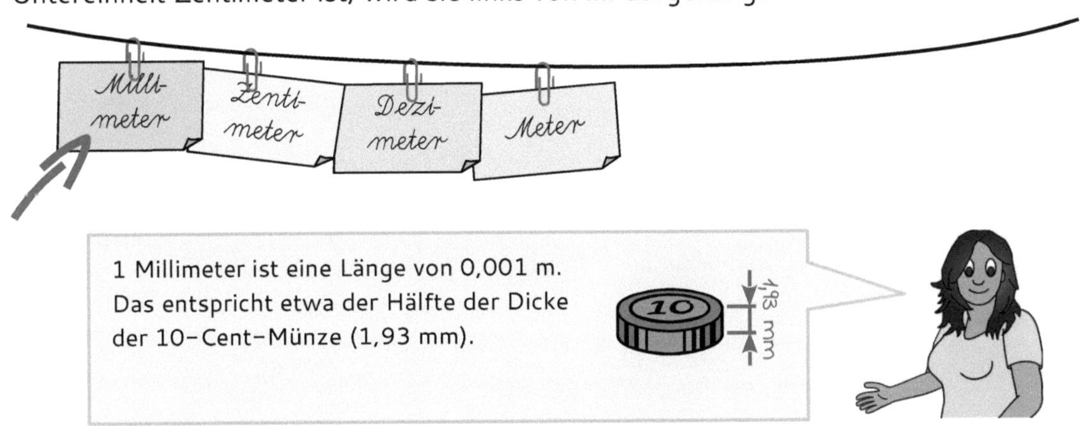

4.3. Vorsätze für ein Vielfaches eines Meters

Nun konnten bereits auch Teile eines Meters abgemessen und die Angaben in handlichen Größen angegeben werden. Umständlich wurde es nur noch bei Längen, die weitaus größer als ein Meter sind. Diese Angaben mussten dann immer mit vielen Nullen geschrieben werden, was sich im Alltag als nicht sehr praxistauglich herausstellte. Daher wurden auch hier Vorsätze eingeführt und vor die Grundeinheit geschrieben. Bei Meter wurde hauptsächlich der Vorsatz Kilo (für 1.000) verwendet.

Dekameter

Wir legen nun 10 mal 1 Meter hintereinander. Diese Strecke ist das Zehnfache eines Meters, also 10 Meter (1 m · 10 = 10 m). Diese Länge wird auch **Dekameter** genannt und mit den Kleinbuchstaben **dam** abgekürzt (1 m · 10 = 10 m = 1 dam). Das Wort Dekameter setzt sich aus den beiden Wörtern »Deka« und »Meter« zusammen. Der Vorsatz »Deka« stammt vom griechischen Wort »déka« ab, das zehn bedeutet. Daher ist 1 Dekameter das Zehnfache eines Meters (1 dam = 10 m bzw. 1 m = 0,1 dam).

Der Umrechnungsfaktor beträgt 10. Daher klebst du immer 10 1-Meterstücke zusammen. Du erhältst ein großes 10er-Stück. Dies ist ein Dekameter.

Ergänze auf der Einheitenleine die Längeneinheit »Dekameter«. Da sie größer als die Grundeinheit Meter ist, wird sie rechts von ihr aufgehängt:

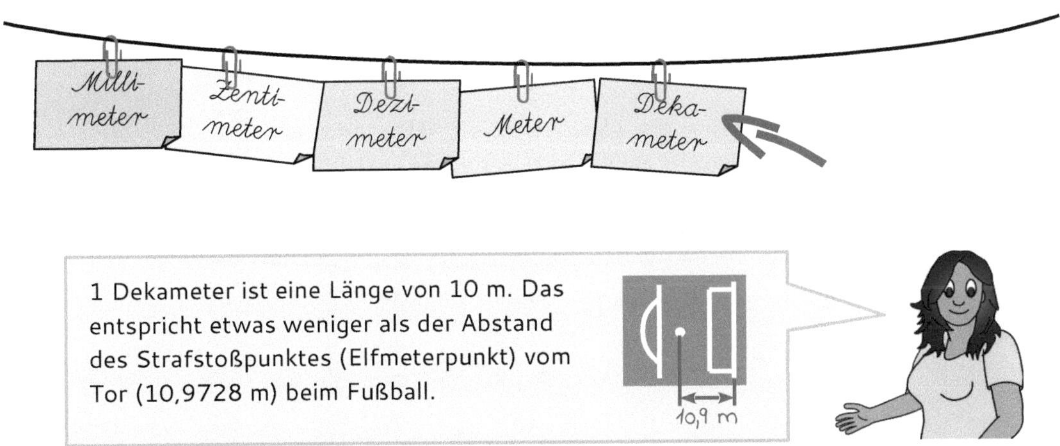

1 Dekameter ist eine Länge von 10 m. Das entspricht etwas weniger als der Abstand des Strafstoßpunktes (Elfmeterpunkt) vom Tor (10,9728 m) beim Fußball.

Hektometer

Wenn du 10 Dekameterstücke hintereinander legst, erhältst du wieder eine neue Untereinheit. Ein solches Stück ist das Zehnfache eines Dekameters (1 dam · 10 = 10 dam). Da ein Dekameter bereits das Zehnfache eines Meters darstellt, ist so ein Stück das Hundertfache eines Meters (100 m). Wenn du nun beide Umrechnungsfaktoren (10) multiplizierst, erhältst du die Zahl 100 (10 · 10 = 100). Diese neue Länge wird **Hektometer** genannt und mit den Kleinbuchstaben **hm** abgekürzt (1 dam · 10 =

10 dam = 1 hm). Das Wort Hektometer setzt sich aus den beiden Wörtern »Hekto« und »Meter« zusammen. Der Vorsatz »Hekto« stammt vom griechischen Wort »hekatón« ab, das hundert bedeutet. Daher ist 1 Hektometer das Hundertfache eines Meters (1 hm = 100 m bzw. 1 m = 0,01 hm).

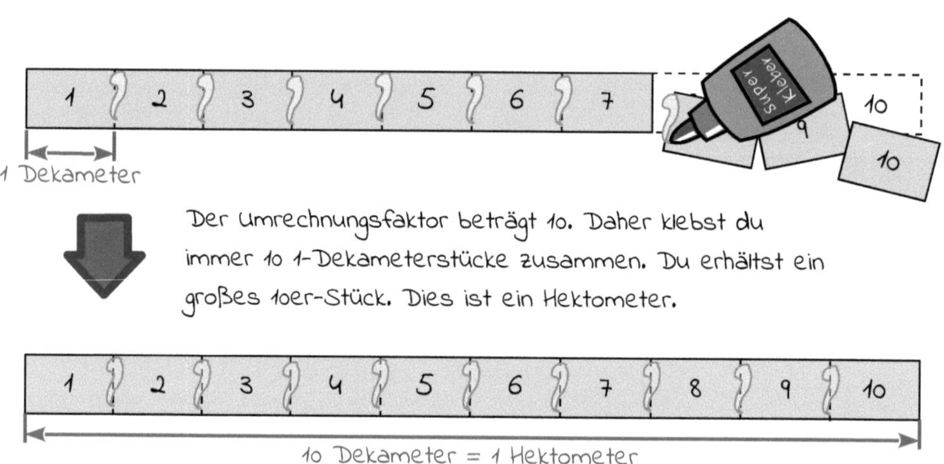

Ergänze auf der Einheitenleine die Längeneinheit »Hektometer«. Da sie größer als die Untereinheit Dekameter ist, wird sie rechts von ihr aufgehängt:

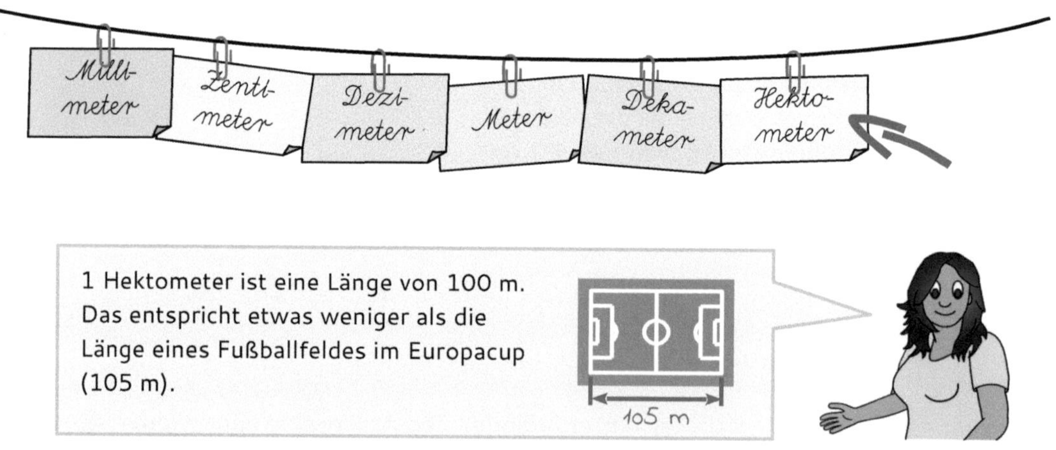

Kilometer

Wenn du 10 Hektometerstücke hintereinander legst, erhältst du wieder eine neue Untereinheit. Ein solches Stück ist das Zehnfache eines Hektometers (1 hm · 10 = 10 hm). Da ein Hektometer bereits das Hundertfache eines Meters darstellt, ist so ein Stück das Tausendfache eines Meters (1.000 m). Wenn du nun beide Umrechnungsfaktoren multiplizierst, erhältst du die Zahl 1.000 (10 · 100 = 1.000). Diese neue Länge wird **Kilometer** genannt und mit den Kleinbuchstaben **km** abgekürzt (1 hm · 10 = 10 hm = 1 km). Das Wort Kilometer setzt sich aus den beiden Wörtern »Kilo« und »Meter« zusammen. Der Vorsatz »Kilo« stammt vom altgriechischen Wort »chílioi« ab, das tausend bedeutet. Daher ist 1 Kilometer das Tausendfache eines Meters (1 km = 1.000 m bzw. 1 m = 0,001 km).

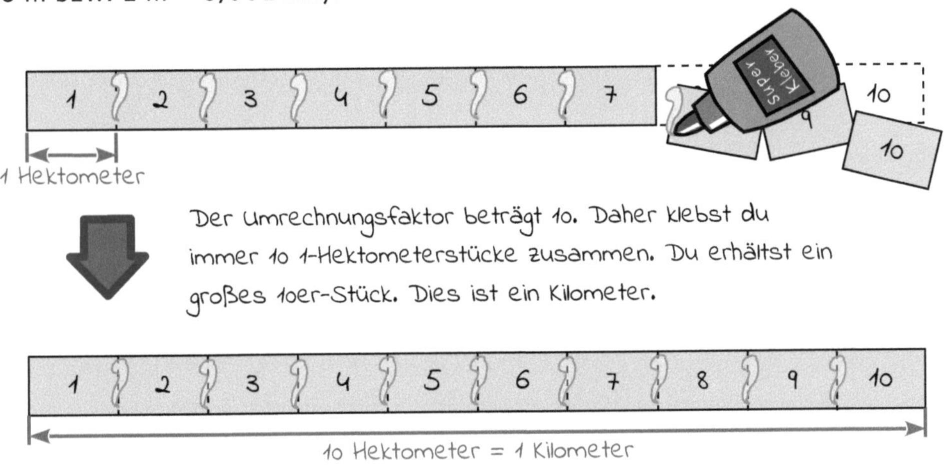

Ergänze auf der Einheitenleine die Längeneinheit »Kilometer«. Da sie größer als die Untereinheit Hektometer ist, wird sie rechts von ihr aufgehängt:

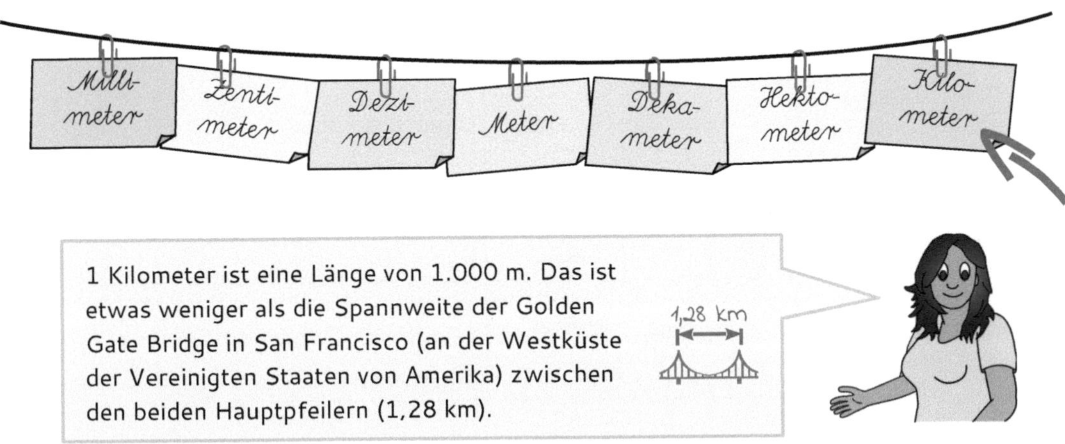

5. Alte Längenmaße

Bevor im Jahre 1871 im damaligen Deutschen Reich das metrische System mit dem Meter als Grundeinheit eingeführt wurde, gab es bei den Längenmaßen örtliche Unterschiede. Es gab zwar die gleichen Namen, die jeweilige Länge war von Region zu Region unterschiedlich. Meistens hat der Landesfürst mit seinen eigenen Körpermaßen die jeweiligen Maße in seinem Reich bestimmt. So war in Hamburg ein Fuß 28,6 cm lang, während er in Baden genau 30 cm lang war. Ein anderes Beispiel ist die Elle: in Hamburg war sie 57,3 cm lang, in Baden war sie fast 3 cm länger und betrug hier genau 60 cm.

Damit die Menschen jederzeit nachmessen konnten, wie lang ein Fuß oder eine Elle ist, war an den Rathäusern der Städte immer ein Vergleichsmaß, meistens aus Stein oder Eisen, an der Außenwand angebracht. So konnte man „sein" Maß mit der Vorgabe vergleichen. Vor allem Händler, die durch das Land fuhren oder auch ausländische Händler mussten vor dem Verkauf „ihr" Maß entsprechend der örtlichen Vorgabe anpassen, um nicht Ärger mit den Kunden zu bekommen, wenn sie zu wenig verkauften.

Nachfolgend habe ich dir einige dieser alten Längeneinheiten aufgelistet:

Name	Länge	Länge heute	Merkmale
Linie	$\frac{1}{12}$ Zoll	ca. 2 – 3 mm	
Zoll	$\frac{1}{12}$ Fuß oder 12 Linien	ca. 2,4 – 3,6 cm	wird heute noch verwendet und ist definiert als 2,54 cm
Fuß	12 Zoll oder $\frac{1}{2}$ Elle	ca. 25 – 43 cm	Länge des Fußes
(Hand-) Spanne	$\frac{1}{2}$ Elle	ca. 18 – 20 cm	Abstand zwischen Daumen- und der Spitze des kleinen Fingers der ausgestreckten Hand
Elle	2 Fuß	ca. 50 – 85 cm	das älteste nachgewiesene Längenmaß; Abstand zwischen Ellbogen und Mittelfingerspitze

Name	Länge	Länge heute	Merkmale
Schritt	2 – 3 Fuß	ca. 71 – 75 cm	
Doppel-schritt	2 Schritt	ca. 142 – 150 cm	
Klafter	3 Ellen oder 6 Fuß	ca. 1,7 – 2,9 m	Spannweite der ausgestreckten Arme (wird heute noch als Raummaß für Brennholz verwendet)
Rute	2 Doppelschritt	ca. 3,5 – 7 m	wird heute noch verwendet und ist definiert als 5,0292 m
Meile	2.000 Klafter oder 12.000 Fuß	ca. 7 – 9 km	
Tagesreise		ca. 27 – 36 km	Distanz, die ein Zugtier mit Wagen im Verlaufe eines Tages auf unbefestigten Wegen zurücklegen konnte

Daneben gab es noch weitere Längeneinheiten wie beispielsweise Handbreite, Fingerbreite oder Haarbreite. Einzelne Berufsgruppen wie der Bergbau oder Handwerker hatten sogar ihre eigenen Längeneinheiten, die zum Teil lustige Namen wie Steinwurf, Hammerwurf, Pfeilschuss oder auch Beilwurf hatten.

6. Rechnen mit Längeneinheiten

Mit den Längeneinheiten kannst du nicht nur von einer Untereinheit in eine andere Untereinheit umrechnen, sondern du kannst mit ihnen auch gewöhnlich rechnen: Du kannst sie addieren, subtrahieren, multiplizieren oder auch dividieren.

Du kannst jedoch nur Maßzahlen berechnen, die die **gleiche** Untereinheit haben. Das bedeutet, du kannst beispielsweise nur Meter mit Meter und Zentimeter mit Zentimeter addieren. Bei verschiedenen Untereinheiten musst du dich zuerst auf eine gemeinsame Untereinheit festlegen und alle Maßzahlen entsprechend umrechnen. Entweder gehst du auf die größte oder auf die kleinste Untereinheit, die in deiner Rechnung vorkommt.

- Wenn du dich für die **größte Untereinheit** entscheidest, musst du mit **Kommas** rechnen, da die Maßzahlen der kleineren Untereinheiten dann alle ein Komma haben.
- Wenn du dich für die **kleinste Untereinheit** entscheidest, hast du kein Komma, allerdings werden deine **Maßzahlen größer**, da die kleineren Untereinheiten ein Vielfaches der größeren Untereinheiten darstellen.

6.1. Addition von Längeneinheiten

Das Wort Addition stammt von dem lateinischen Wort »addere« und bedeutet »hinzufügen«. Du fügst zu einer Zahl eine oder mehrere Zahlen hinzu. Die einzelnen Zahlen bei einer Addition werden Summanden genannt, das Ergebnis ist die Summe. Dabei spielt es keine Rolle, ob du gewöhnliche Zahlen addierst oder ob es sich um Größen handelt. Die Vorgehensweise ist wie bei der gewöhnlichen Addition.

Addition von gleichen Untereinheiten

Bevor du mit der Addition beginnst, müssen alle Untereinheiten in der Rechnung **gleich** sein. Sind die Untereinheiten bereits gleich, gehst du so vor, wie du es bei der Addition von Zahlen gewöhnt bist: Du addierst alle Maßzahlen miteinander. Die gemeinsame Untereinheit wird beibehalten. Die Summe aus zwei oder mehreren Größen ist wieder eine Größe.

Hier ein kleines Beispiel: Der grüne Geländewagen ist 4 m lang, das blaue Auto 3 m. Wie lang sind sie zusammen, wenn beide Autos direkt hintereinander parken?

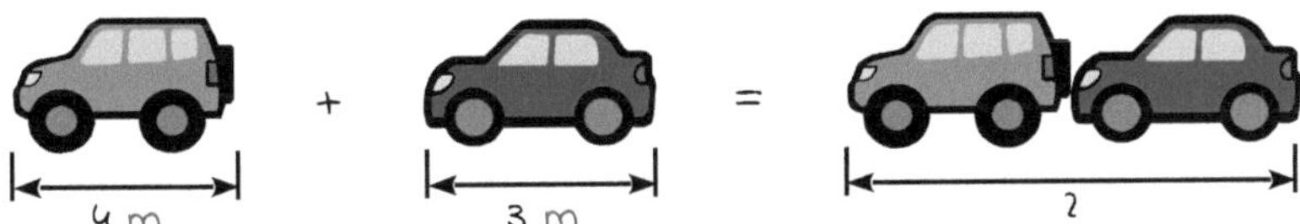

Beide Untereinheiten sind gleich, also addierst du die beiden Maßzahlen: 4 + 3 = 7. Die gemeinsame Untereinheit hängst du anschließend wieder hinten an: 7 m. Sie sind zusammen 7 m lang.

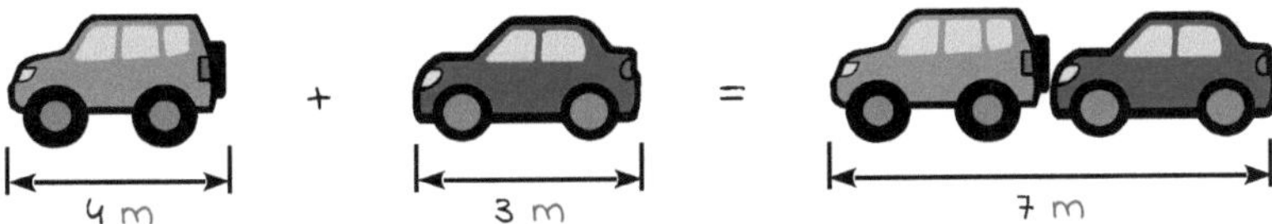

So addierst du gleiche Untereinheiten	So sieht es aus
Du sollst diese Längen addieren:	$4\,m + 3\,m$
1. Du hast zweimal die gleiche Untereinheit: **m** (Meter).	$4\,m + 3\,m$
2. Addiere zuerst die beiden Maßzahlen: **4 + 3 = 7**.	$4\,m + 3\,m$ $= 7$
3. Die gemeinsame Untereinheit (**m**) wird beibehalten. Hänge sie wieder hinten an: **7 m**.	$4\,m + 3\,m$ $= 7\,m$
4. Das Ergebnis lautet **7 m**.	$7\,m$

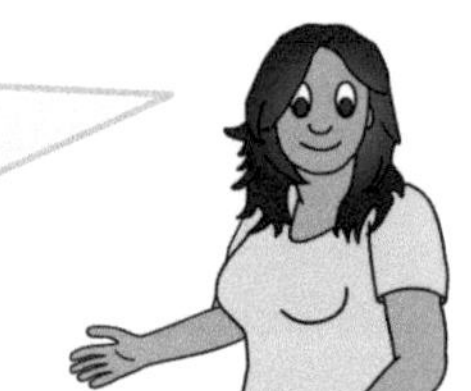

Bei der Addition von Größen mit gleichen Untereinheiten addierst du alle Maßzahlen miteinander. Die gemeinsame Untereinheit wird beibehalten. Die Summe aus zwei oder mehreren Größen ist wieder eine Größe.

Addition von verschiedenen Untereinheiten

Du hast aber nicht immer das Glück, dass die Einheiten gleich sind. In diesem Fall musst du dich zuerst auf eine gemeinsame Untereinheit festlegen und alle Maßzahlen entsprechend umrechnen. Entweder wählst du die größte oder die kleinste Untereinheit, die in der Rechnung vorkommt. Sind die Untereinheiten dann gleich, gehst du 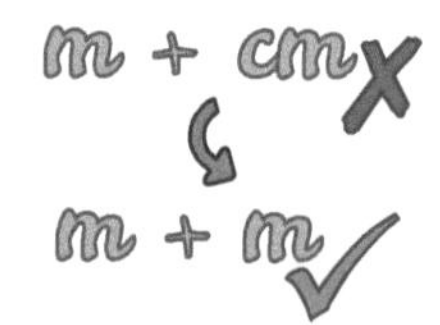 so vor, wie du es bei der Addition von Zahlen gewöhnt bist: Du addierst alle Maßzahlen miteinander. Die gemeinsame Untereinheit wird beibehalten. Die Summe aus zwei oder mehreren Größen ist wieder eine Größe.

Hier ein kleines Beispiel: Der Golfer hat bereits zwei Schläge gemacht: Beim ersten Schlag flog der Golfball 0,15 km weit, beim zweiten Schlag 90 m. Jetzt sind es noch 30 dm bis zum Loch. Wie lang ist die Golfbahn?

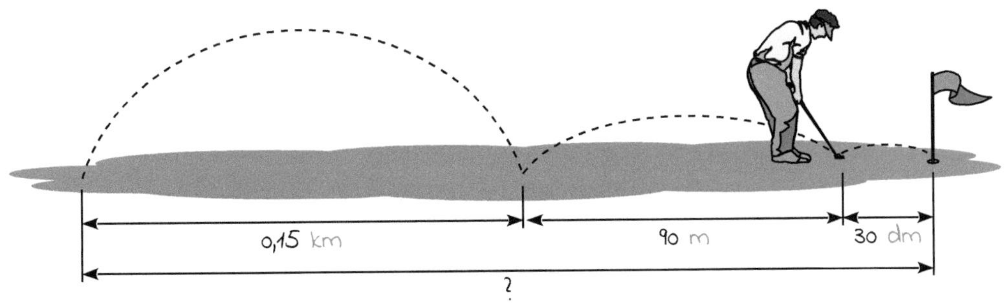

Alle drei Untereinheiten sind unterschiedlich, daher musst du dich zuerst auf eine gemeinsame Untereinheit festlegen und die anderen Größen entsprechend umrechnen. Hier bietet es sich an, mit der Einheit Meter (m) zu rechnen, da du hierbei kein Komma mehr hast und die Maßzahlen nicht unnötig groß werden.

Die erste Größe (1. Schlag) ist in Kilometer (km), bis zu Meter sind es drei Untereinheiten (Hektometer, Dekameter und Meter). Die Maßzahl wird daher dreimal mit 10 multipliziert: 0,15 km (· 10) = 1,5 hm (· 10) = 15 dam (· 10) = 150 m. Die zweite Größe (2. Schlag) ist bereits in Meter. Die dritte Größe (Abstand zum Loch) ist in Dezimeter (dm). Meter ist die nächstgrößere Untereinheit, daher wird die Maßzahl einmal durch 10 dividiert: 30 dm (: 10) = 3 m. Jetzt sind die Untereinheiten gleich, daher zählst du die Maßzahlen zusammen (150 + 90 + 3 = 243) und hängst die gemeinsame Untereinheit anschließend wieder hinten an: 243 m. Diese Golfbahn ist 243 m lang.

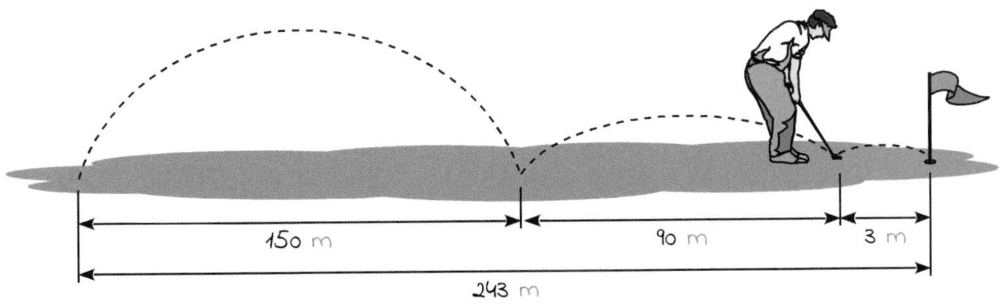

So addierst du verschiedene Untereinheiten	So sieht es aus
Du sollst diese Längen addieren:	0,15 km + 90 m + 30 dm
1. Du hast drei verschiedene Untereinheiten: km (Kilometer), m (Meter) und dm (Dezimeter). Als gemeinsame Untereinheit bietet sich Meter an.	0,15 km + 90 m + 30 dm

<table>
<tr><th>So addierst du verschiedene Untereinheiten</th><th>So sieht es aus</th></tr>
<tr>
<td>2. Du musst die erste Größe (1. Schlag) umrechnen. Da du über drei kleinere Untereinheiten rechnest (von km auf m), musst du dreimal mit 10 multiplizieren (↓): 0,15 km (· 10) = 1,5 hm, 1,5 hm (· 10) = 15 dam und 15 dam (· 10) = 150 m.</td>
<td>km→hm (1km=10hm)
0,15km(·10)=1,5hm

hm→dam (1hm=10dam)
1,5hm(·10)=15dam

dam→m (1dam=10m)
15dam(·10)=150m</td>
</tr>
<tr>
<td>3. Du musst auch die dritte Größe (Abstand zum Loch) umrechnen. Da du auf eine größere Untereinheit rechnest (von dm auf m), musst du einmal mit 10 dividieren (↑): 30 dm (: 10) = 3 m.</td>
<td>dm→m (1dm=0,1m)
30dm(:10)=3m</td>
</tr>
<tr>
<td>4. Alle Größen haben jetzt die gleiche Untereinheit (m) und du kannst mit der Addition beginnen.</td>
<td>150m+90m+3m</td>
</tr>
<tr>
<td>5. Addiere zuerst die Maßzahlen: 150 + 90 + 3 = 243.</td>
<td>150m+90m+3m
=243</td>
</tr>
<tr>
<td>6. Die gemeinsame Untereinheit (m) wird beibehalten. Hänge sie wieder hinten an: 243 m.</td>
<td>150m+90m+3m
=243m</td>
</tr>
<tr>
<td>7. Das Ergebnis lautet 243 m.</td>
<td>243m</td>
</tr>
</table>

Bei der Addition von Größen mit verschiedenen Untereinheiten musst du dich zuerst auf eine gemeinsame Untereinheit festlegen. Addiere anschließend alle Maßzahlen miteinander, die gemeinsame Untereinheit wird beibehalten. Die Summe aus zwei oder mehreren Größen ist wieder eine Größe.

6.2. Subtraktion von Längeneinheiten

Das Wort Subtraktion stammt aus dem Lateinischen und bedeutet »abziehen«. Du ziehst von einer meist größeren Zahl eine oder mehrere kleinere Zahlen ab. Die erste Zahl bei einer Subtraktion wird Minuend, die zweite Zahl Subtrahend genannt, das Ergebnis ist die Differenz. Dabei spielt es keine Rolle, ob du gewöhnliche Zahlen subtrahierst oder ob es sich um Größen handelt. Die Vorgehensweise ist wie bei der gewöhnlichen Subtraktion.

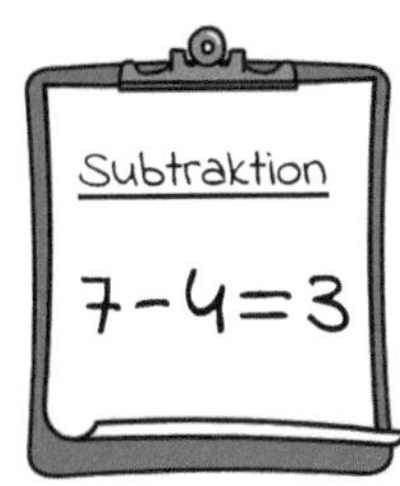

Subtraktion von gleichen Untereinheiten

Bevor du mit der Subtraktion beginnst, müssen alle Untereinheiten in der Rechnung **gleich** sein. Sind die Untereinheiten bereits gleich, gehst du so vor, wie du es bei der Subtraktion von Zahlen gewöhnt bist: Du subtrahierst alle Maßzahlen. Die gemeinsame Untereinheit wird beibehalten. Die Differenz aus zwei oder mehreren Größen ist wieder eine Größe.

Hier ein kleines Beispiel: Der Baumstamm ist 12 dm lang und es soll ein 5 dm langes Stück abgesägt werden. Wie lang ist das Reststück?

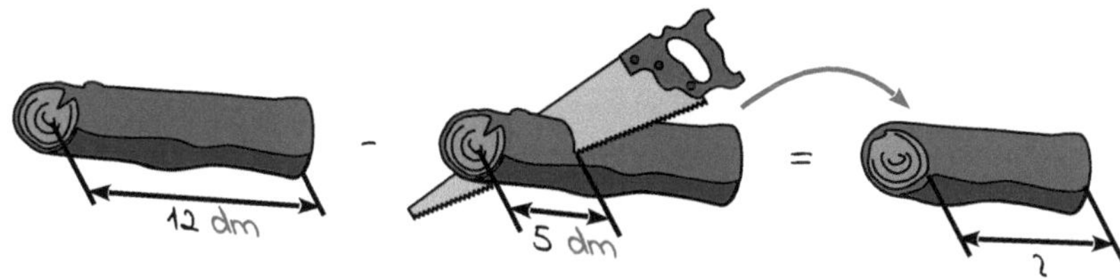

Du hast bei dieser Subtraktion nur eine Untereinheit (Dezimeter). Daher subtrahierst du die beiden Maßzahlen (12 − 5 = 7) und hängst die gemeinsame Untereinheit anschließend wieder hinten an: 7 dm. Das Reststück ist 7 dm lang.

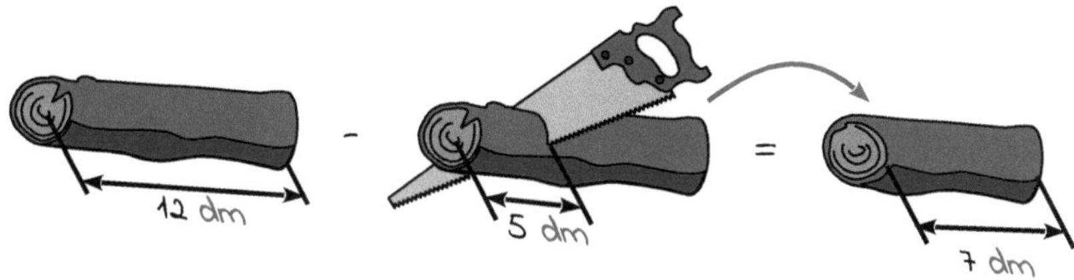

So subtrahierst du gleiche Untereinheiten	So sieht es aus
Du sollst diese Längen subtrahieren.	12 dm – 5 dm
1. Du hast zweimal die gleiche Untereinheit: **dm** (Dezimeter).	12 dm – 5 dm
2. Du subtrahierst die beiden Zahlen: **12 – 5 = 7**.	12 dm – 5 dm = 7
3. Die gemeinsame Untereinheit (**dm**) wird beibehalten. Hänge sie wieder hinten an: **7 dm**.	12 dm – 5 dm = 7 dm
4. Das Ergebnis lautet **7 dm**.	7 dm

Bei der Subtraktion von Größen mit gleichen Untereinheiten subtrahierst du alle Maßzahlen voneinander. Die gemeinsame Untereinheit wird beibehalten. Die Differenz aus zwei oder mehreren Größen ist wieder eine Größe.

Subtraktion von verschiedenen Untereinheiten

Du hast aber nicht immer das Glück, dass die Untereinheiten gleich sind. In diesem Fall musst du dich zuerst auf eine gemeinsame Untereinheit festlegen und alle Maßzahlen entsprechend umrechnen. Entweder wählst du die größte, die kleinste oder die am häufigsten in deiner Rechnung vorkommende Untereinheit. Sind die Untereinheiten dann gleich, gehst du so vor, wie du es bei der Subtraktion von Zahlen gewöhnt bist: Du subtrahierst alle Maßzahlen. Die gemeinsame Untereinheit wird beibehalten. Die Differenz aus zwei oder mehreren Größen ist wieder eine Größe.

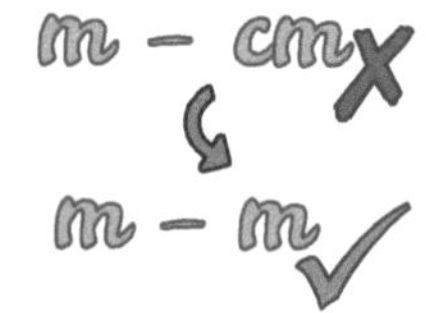

Hier ein kleines Beispiel: Der Golfer hat bereits zwei Schläge gemacht: Beim ersten Schlag flog der Golfball 0,15 km weit, beim zweiten Schlag 90 m. Wie weit ist er vom Loch entfernt, wenn diese Golfbahn 243 m lang ist?

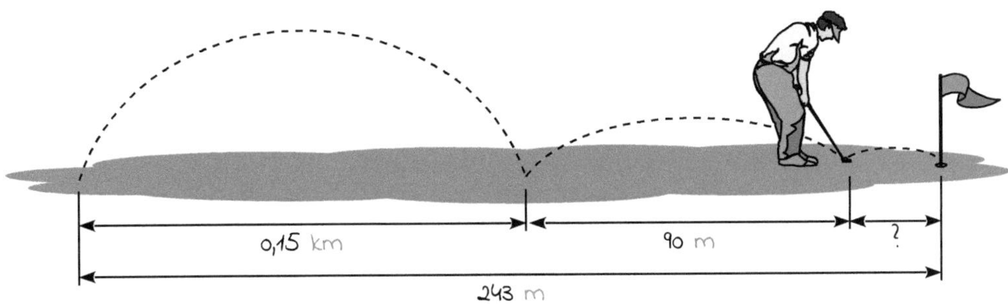

Die Untereinheiten sind unterschiedlich, daher musst du dich zuerst auf eine gemeinsame Untereinheit festlegen und die anderen Größen entsprechend umrechnen. Hier bietet es sich an, auf Meter (m) zu rechnen, da du diese Einheit zwei mal in der Rechnung hast. So musst du nur eine Größe umrechnen.

Die erste Größe (Länge der Golfbahn) ist bereits in Meter (m). Die zweite Größe (1. Schlag) ist in Kilometer (km), bis zu Meter sind es drei Untereinheiten (Hektometer, Dekameter und Meter). Die Maßzahl wird daher dreimal mit 10 multipliziert: 0,15 km (· 10) = 1,5 hm (· 10) = 15 dam (· 10) = 150 m. Die dritte Größe ist auch bereits in Meter (m). Jetzt sind die Untereinheiten gleich, daher subtrahierst du die Maßzahlen (243 – 150 – 90 = 3) und hängst die Maßeinheit anschließend wieder hinten an: 3 m. Der Golfer ist noch 3 m vom Loch entfernt.

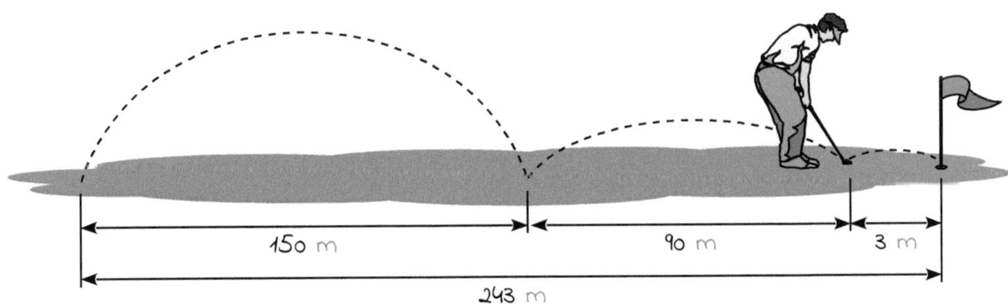

So subtrahierst du verschiedene Untereinheiten	So sieht es aus
Du sollst diese Längen subtrahieren:	243m-0,15km-90m
1. Du hast verschiedene Untereinheiten: **m** (Meter), **km** (Kilometer) und wieder **m**. Als gemeinsame Einheit bietet sich Meter an.	243m-0,15km-90m
2. Du musst die zweite Größe (1. Schlag) umrechnen. Da du auf eine kleinere Untereinheit rechnest (von km auf m), musst du dreimal mit 10 multiplizieren (↓): 0,15 km (· 10) = 1,5 hm, 1,5 hm (· 10) = 15 dam und 15 dam (· 10) = 150 m.	km→hm (1km=10hm) 0,15km(·10)=1,5hm hm→dam (1hm=10dam) 1,5hm(·10)=15dam dam→m (1dam=10m) 15dam(·10)=150m
3. Alle Größen haben jetzt die gleiche Untereinheit (**m**) und du kannst mit der Subtraktion starten.	243m-150m-90m
4. Subtrahiere zuerst die Maßzahlen: **243 − 150 − 90 = 3**.	243m-150m-90m = 3
5. Die gemeinsame Untereinheit (**m**) wird beibehalten. Hänge sie wieder hinten an: **3 m**.	243m-150m-90m = 3m
6. Das Ergebnis lautet **3 m**.	3m

Bei der Subtraktion von Größen mit verschiedenen Untereinheiten musst du dich zuerst auf eine gemeinsame Untereinheit festlegen. Subtrahiere anschließend alle Maßzahlen miteinander, die gemeinsame Untereinheit wird beibehalten. Die Differenz aus zwei oder mehreren Größen ist wieder eine Größe.

mathetreff-online

6.3. Multiplikation von Längeneinheiten

Das Wort Multiplikation stammt von dem lateinischen Wort »multiplicare« und bedeutet »vervielfachen«. Du vervielfachst eine Zahl um eine andere. Die erste Zahl ist der Multiplikator und gibt an, wie oft der Multiplikand (die 2. Zahl) mal genommen wird. Das Ergebnis wird Produkt genannt. Dabei spielt es keine Rolle, ob du gewöhnliche Zahlen multiplizierst oder ob es sich um Größen handelt. Die Vorgehensweise ist wie bei der gewöhnlichen Multiplikation.

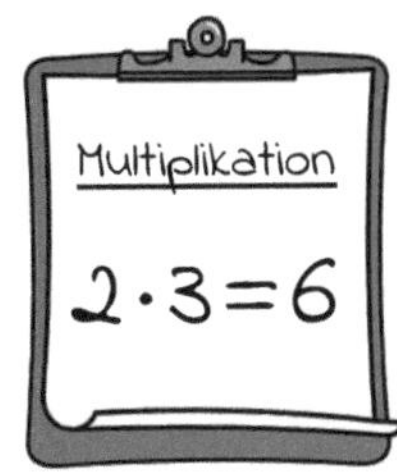

Multiplikation mit einer Zahl

Die Vorgehensweise bei der Multiplikation von einer Längeneinheit mit einer Zahl ist sehr einfach. Da du nur eine Untereinheit hast, musst du nicht zuerst eine gemeinsame Untereinheit suchen und dann umrechnen. Du kannst gleich mit der Multiplikation starten. Multipliziere einfach die Maßzahl mit der Zahl. Die Untereinheit hängst du anschließend wieder hinten an. Das Produkt aus einer Zahl und einer Größe ist wieder eine Größe.

Hier ein kleines Beispiel: Eine Buchreihe besteht aus 4 Bänden. Jeder Buchrücken hat eine Höhe von 3 cm. Wie hoch ist die Buchreihe, wenn alle 4 Bücher übereinander liegen?

Du hast bei dieser Multiplikation nur eine Einheit (Zentimeter). Daher multiplizierst du die Zahl mit der Maßzahl (4 · 3 = 12) und hängst die Untereinheit anschließend wieder hinten an: 12 cm. Die Buchreihe ist 12 cm hoch

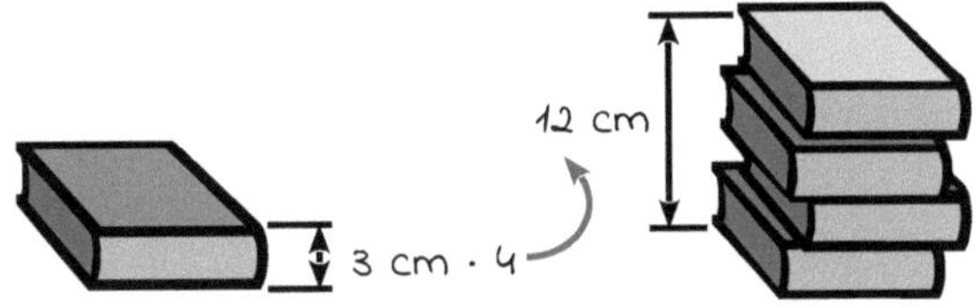

So multiplizierst du eine Zahl mit einer Längeneinheit	So sieht es aus
Du sollst diese Länge multiplizieren.	$4 \cdot 3\,cm$
1. Du hast nur eine Untereinheit: **cm** (Zentimeter).	$4 \cdot 3\,cm$
2. Multipliziere die Zahl mit der Maßzahl: **4 · 3 = 12**.	$4 \cdot 3\,cm$ $= 12$
3. Die gemeinsame Untereinheit (**cm**) wird beibehalten. Hänge sie wieder hinten an: **12 cm**.	$4 \cdot 3\,cm$ $= 12\,cm$
4. Das Ergebnis lautet **12 cm**.	$12\,cm$

Bei der Multiplikation von einer Größe mit einer Zahl multiplizierst du die Maßzahl mit der Zahl und hängst die Untereinheit anschließend wieder an. Das Produkt aus einer Größe und einer Zahl ist wieder eine Größe.

Multiplikation von zwei Untereinheiten

Diese Art der Multiplikation ist etwas aufwendiger. Bevor du mit der Multiplikation beginnst, müssen alle Untereinheiten in der Rechnung **gleich** sein. Sind die Untereinheiten verschieden, so musst du dich zuerst auf eine gemeinsame Untereinheit festlegen und alle anderen Größen entsprechend umrechnen. Sind die Untereinheiten gleich,

gehst du so vor, wie du es bei der Multiplikation von Zahlen gewöhnt bist: Du multiplizierst zuerst alle Maßzahlen miteinander. Die gemeinsame Untereinheit wird ebenfalls multipliziert. Da du zwei mal die gleiche Untereinheit multiplizierst, erhältst du das so genannte **Quadrat** der Untereinheit. Dieses „Quadrat" wird durch eine kleine hoch geschriebene 2 (^{2}) hinter dem Symbol der Untereinheit dargestellt. Beim Namen der neuen Maßeinheit wird der Wortteil »Quadrat« vorangestellt. Bei Einheiten mit einem

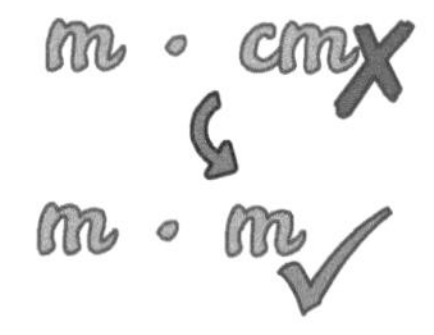

Quadrat handelt es sich nicht mehr um Längeneinheiten, sondern um Flächeneinheiten. Das Produkt aus zwei Größen ist wieder eine Größe.

Hier ein kleines Beispiel: Diese Zimmertüre ist 2 m hoch und 8 dm breit. Sie soll neu gestrichen werden. Wie groß ist die anzustreichende Fläche?

Du hast bei dieser Multiplikation zwei Untereinheiten (Meter und Dezimeter), daher musst du dich zuerst auf eine gemeinsame Untereinheit festlegen und die andere Größe entsprechend umrechnen. Hier bietet es sich an, auf die kleinste Untereinheit zu rechnen, dann hast du kein Komma. Die kleinste Untereinheit in dieser Rechnung ist Dezimeter (dm).

Die erste Größe (Höhe der Türe) ist Meter (m), bis zu Dezimeter ist es eine Untereinheit. Die Maßzahl wird daher einmal mit 10 multipliziert: 2 m ($\cdot$ 10) = 20 dm. Die zweite Größe (Breite der Türe) ist bereits in Dezimeter. Jetzt sind die Untereinheiten gleich, daher multiplizierst du die Maßzahlen (20 $\cdot$ 8 = 160). Die gemeinsame Untereinheit wird ebenfalls multipliziert. Da du zwei mal die gleiche Untereinheit multiplizierst, erhältst du das so genannte Quadrat der Untereinheit. Dieses „Quadrat" wird durch eine kleine hoch geschriebene 2 (^{2}) hinter dem Symbol der Untereinheit dargestellt: dm $\cdot$ dm = dm². Beim Namen der neuen Maßeinheit wird der Wortteil »Quadrat« vorangestellt: Aus Dezimeter (dm) wird Quadratdezimeter (dm²).

So multiplizierst du zwei Untereinheiten	So sieht es aus
Du sollst diese beiden Längen miteinander multiplizieren.	$2\,m \cdot 8\,dm$
1. Du hast verschiedene Untereinheiten: **m** (Meter) und **dm** (Dezimeter). Als gemeinsame Untereinheit bietet sich Dezimeter an.	$2\,m \cdot 8\,dm$
2. Du musst die erste Größe (Höhe der Türe) umrechnen. Da du auf eine kleinere Untereinheit rechnest (von m auf dm), musst du einmal mit 10 multiplizieren (↓): **2 m (· 10) = 20 dm.**	$m \rightarrow dm \quad (1\,m = 10\,dm)$ $2\,m\,(\,\cdot\,10\,) = 20\,dm$
3. Beide Größen haben jetzt die gleiche Untereinheit (**dm**) und du kannst mit der Multiplikation beginnen.	$20\,dm \cdot 8\,dm$
4. Multipliziere zuerst die beiden Maßzahlen: **20 · 8 = 160.**	$20\,dm \cdot 8\,dm$ $= 160$
5. Multipliziere anschließend die gemeinsame Untereinheit: **dm · dm = dm².** Die Multiplikation von zwei gleichen Untereinheiten ergibt das **Quadrat** der Untereinheit. Dies wird durch die kleine hoch geschriebene 2 (²) hinter dem Symbol der Untereinheit dargestellt.	$20\,dm \cdot 8\,dm$ $= 160\,dm \cdot dm$ $= 160\,dm^2$
6. Das Ergebnis lautet **160 dm².** Beim Namen der neuen Untereinheit wird der Wortteil »Quadrat« vorangestellt und heißt daher Quadratdezimeter (dm²).	$160\,dm^2$

Bei der Multiplikation von Größen multiplizierst du alle Maßzahlen miteinander und hängst die gemeinsame Untereinheit anschließend wieder an. Als Besonderheit setzt du eine kleine hoch geschriebene 2 (²) hinter das Symbol der Untereinheit, da die Multiplikation der Untereinheiten das Quadrat bilden. Aus der Längeneinheit ist eine Flächeneinheit geworden. Das Produkt aus zwei Größen ist wieder eine Größe.

mathetreff-online

6.4. Division von Längeneinheiten

Das Wort Division stammt von dem lateinischen Wort »divisio« und bedeutet »teilen«. Du teilst eine Zahl durch eine andere Zahl. Die erste Zahl ist der Dividend und wird entsprechend dem Divisor (2. Zahl) geteilt. Das Ergebnis wird Quotient genannt. Dabei spielt es keine Rolle, ob du gewöhnliche Zahlen dividierst oder ob es sich um Größen handelt. Die Vorgehensweise ist wie bei der gewöhnlichen Division.

Division durch eine Zahl

Die Vorgehensweise bei der Division von einer Längeneinheit durch eine Zahl ist sehr einfach. Da du nur eine Untereinheit hast, musst du nicht zuerst eine gemeinsame Untereinheit suchen und dann umrechnen. Du kannst gleich mit der Division starten. Dividiere einfach die Maßzahl durch die Zahl. Die Untereinheit hängst du anschließend wieder hinten an. Der Quotient aus einer Zahl und einer Größe ist wieder eine Größe.

Hier ein kleines Beispiel: Der Baumstamm ist 1,2 m lang und soll in drei gleich große Teile gesägt werden. Wie lang ist ein Teilstück?

Du hast bei dieser Division nur eine Untereinheit (Meter). Daher dividierst du die Maßzahl durch die Zahl (1,2 : 3 = 0,4) und hängst die Untereinheit anschließend wieder hinten an: 0,4 m. Dieses Ergebnis könntest du jetzt noch umrechnen, damit das Komma wegfällt: 0,4 m ($\cdot$ 10) = 4 dm. Ein Teilstück ist 0,4 m bzw. 4 dm lang.

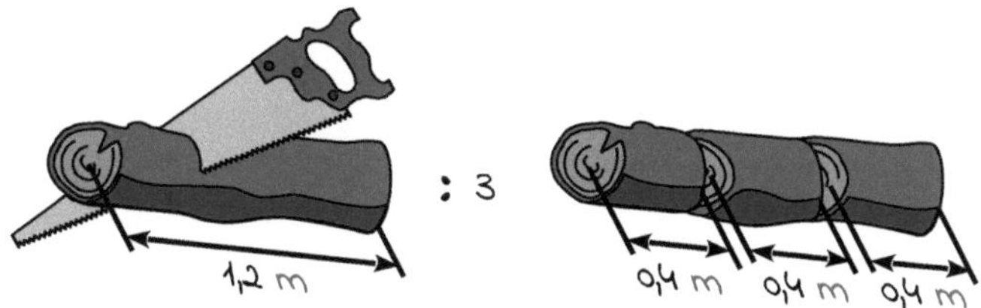

So dividierst du eine Untereinheit durch eine Zahl	So sieht es aus
Du sollst diese Länge dividieren.	$1,2\,m : 3$
1. Du hast nur eine Untereinheit: m (Meter).	$1,2\,m : 3$
2. Dividiere die Maßzahl durch die Zahl: **1,2 : 3 = 0,4**.	$1,2\,m : 3$ $= 0,4$
3. Die gemeinsame Untereinheit (m) wird beibehalten. Hänge sie wieder hinten an: **0,4 m**.	$1,2\,m : 3$ $= 0,4\,m$
4. Das Ergebnis lautet **0,4 m**.	$0,4\,m$
5. Du könntest das Ergebnis noch umrechnen, damit das Komma wegfällt. Da du auf die nächstkleinere Untereinheit rechnest, musst du die Maßzahl einmal mit 10 multiplizieren (↓) : **0,4 m (· 10) = 4 dm**.	$m \rightarrow dm$ ($1\,m = 10\,dm$) $0,4\,m\,(\cdot 10) = 4\,dm$

Bei der Division von einer Größe durch eine Zahl dividierst du die Maßzahl durch die Zahl und hängst die Maßeinheit anschließend wieder an. Der Quotient aus einer Größe und einer Zahl ist wieder eine Größe.

Division von zwei Untereinheiten

Bevor du mit der Division beginnst, müssen alle Untereinheiten in der Rechnung **gleich** sein. Sind die Untereinheiten verschieden, so musst du dich zuerst auf eine gemeinsame Untereinheit festlegen und alle anderen Größen entsprechend umrechnen. Sind die Untereinheiten gleich, gehst du so vor, wie du es bei der Division von Zahlen gewöhnt bist: Du dividierst zuerst alle Maßzahlen miteinander. Die gleiche Untereinheit wird ebenfalls dividiert, hebt sich dabei auf und fällt dadurch weg. Der Quotient aus zwei Größen ist daher eine Zahl ohne Einheit.

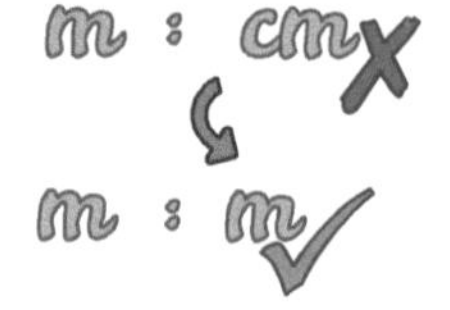

Hier ein kleines Beispiel: Der Baumstamm ist 1,2 m lang und soll in 40 cm große Stücke gesägt werden. Wie viele Stücke bekommst du?

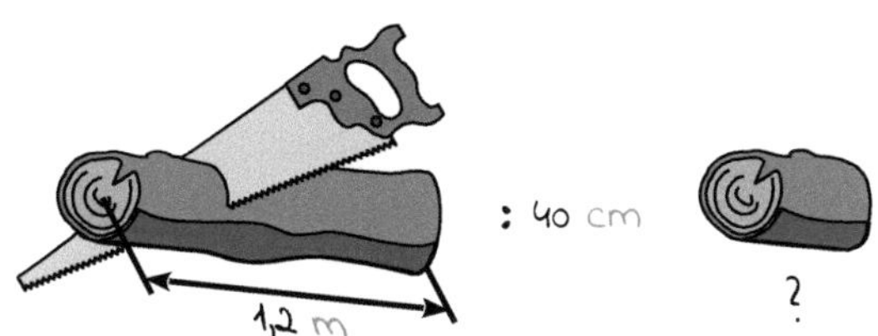

Du hast bei dieser Division zwei Untereinheiten (Meter und Zentimeter), daher musst du dich zuerst auf eine gemeinsame Untereinheit festlegen und die andere Größe entsprechend umrechnen. Hier bietet es sich an, auf die kleinste Untereinheit zu rechnen, dadurch hast du kein Komma. Die kleinste Untereinheit in dieser Rechnung ist Zentimeter (cm).

Die erste Größe (Länge des Baumstammes) ist Meter (m), bis zu Zentimeter sind es zwei Untereinheiten (Dezimeter und Zentimeter). Die Maßzahl wird daher zweimal mit 10 multipliziert: 1,2 m (· 10) = 12 dm (· 10) = 120 cm. Die zweite Größe (Länge eines Stückes) ist bereits in Zentimeter. Jetzt sind die Untereinheiten gleich, daher dividierst du die Maßzahlen (120 : 40 = 3). Als nächstes dividierst du die Untereinheit durch die gleiche Untereinheit. Sie hebt sich dabei auf, da diese Division 1 ergibt (cm : cm = 1). Das Ergebnis ist daher eine reine Zahl ohne Einheit. Du bekommst 3 Stücke.

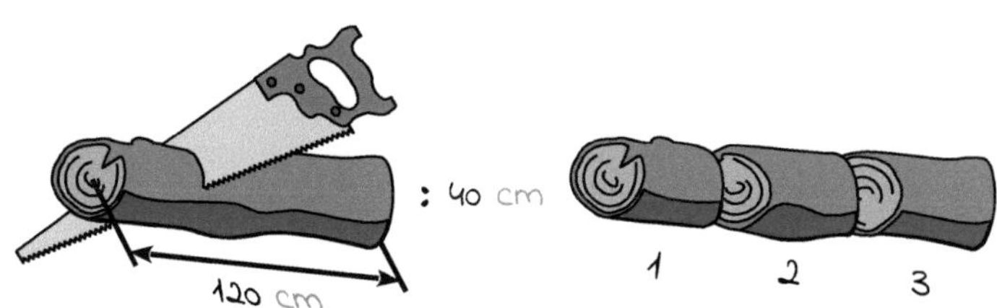

So dividierst du zwei Größen	So sieht es aus
Du sollst diese Längen dividieren.	$1,2\,m : 40\,cm$
1. Du hast zwei verschiedene Untereinheiten: **m** (Meter) und **cm** (Zentimeter).	$1,2\,m : 40\,cm$
2. Du musst die erste Größe (Länge des Baumstammes) umrechnen. Da du über zwei kleinere Untereinheiten rechnest (von m auf cm), musst du zweimal mit 10 multiplizieren (↓): 1,2 m (· 10) = 12 dm und 12 dm (· 10) = 120 cm.	$m \rightarrow dm$ $(1\,m = 10\,dm)$ $1,2\,m\,(\cdot 10) = 12\,dm$ $dm \rightarrow cm$ $(1\,dm = 10\,cm)$ $12\,dm\,(\cdot 10) = 120\,cm$
3. Beide Größen haben jetzt die gleiche Untereinheit (**cm**) und du kannst mit der Division beginnen.	$120\,cm : 40\,cm$
4. Dividiere zuerst die beiden Maßzahlen: **120 : 40 = 3**.	$120\,cm : 40\,cm$ $= 3$
5. Dividiere anschließend die gemeinsame Untereinheit: **cm : cm = 1**. Die Division der Untereinheiten ergibt als Ergebnis 1 und sie heben sich somit auf. Da 3 · 1 = 3 ist, lautet das Ergebnis 3.	$120\,cm : 40\,cm$ $= 3\,cm : cm$ $= 3 \cdot 1$ $= 3$
6. Das Ergebnis lautet **3**.	3

Bei der Division von einer Größe durch eine Größe dividierst du alle Maßzahlen miteinander. Die gemeinsame Untereinheit hebt sich auf und fällt dadurch weg. Der Quotient aus zwei Größen ist eine Zahl (ohne Einheit).

7. Übungsaufgaben

Nachdem du nun die Grundlagen der Längeneinheiten gelernt hast, ist es an der Zeit, dein neues Wissen anzuwenden. Hier findest du viele Übungsaufgaben, bei denen du ausgiebig üben kannst. Denke daran, dass der Umrechnungsfaktor bei Längeneinheiten 10 beträgt.

Übungen zu „Vorsätze für Längeneinheiten"

→ die Lösungen stehen ab Seite 56

1. Wie heißt die nächstkleinere Längeneinheit?

a) Meter =

b) Zentimeter =

c) Kilometer =

d) Dekameter =

e) Dezimeter =

f) Hektometer =

2. Wie heißt die nächstgrößere Längeneinheit?

a) Meter =

b) Dezimeter =

c) Millimeter =

d) Hektometer =

e) Zentimeter =

f) Dekameter =

3. Wie viel bedeutet der Vorsatz?

a) Kilo =

b) Dezi =

c) Milli =

d) Hekto =

e) Zenti =

f) Deka =

4. Ordne den Längeneinheiten die richtige Abkürzung zu:

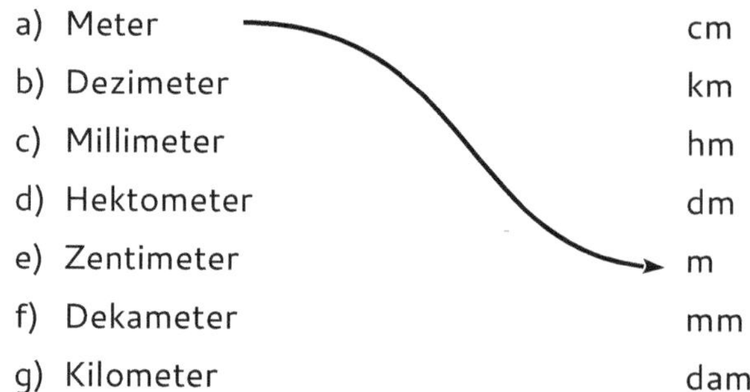

a) Meter   cm

b) Dezimeter   km

c) Millimeter   hm

d) Hektometer   dm

e) Zentimeter   m

f) Dekameter   mm

g) Kilometer   dam

Übungen zu „Vorsätze für Teile eines Meters"

→ die Lösungen stehen ab Seite 57

5. Rechne diese Längen in Dezimeter (dm) um:

a) 36 cm	b) 6,5 m	c) 1,5 cm
d) 58 cm	e) 8 m	f) 10 cm
g) 9,68 m	h) 960 mm	i) 29 m
j) 0,4 m	k) 476 cm	l) 9.242 mm

6. Rechne diese Längen in Zentimeter (cm) um:

a) 4 dm	b) 1 m	c) 12 mm
d) 23 dm	e) 78 m	f) 108 dm
g) 5,232 m	h) 6,3 dm	i) 54,8 mm
j) 6,7 mm	k) 0,7 dm	l) 0,089 m

7. Rechne diese Längen in Millimeter (mm) um:

a) 7 dm	b) 1 cm	c) 71 cm
d) 45 dm	e) 3,19 m	f) 53 m
g) 18,4 dm	h) 66,8 cm	i) 19,242 m
j) 0,210 cm	k) 0,04 dm	l) 0,006 m

Übungen zu „Vorsätze für ein vielfaches eines Meters"

→ die Lösungen stehen ab Seite 58

8. Rechne diese Längen in Meter (m) um:

a) 54 dam

b) 12 hm

c) 3 hm

d) 45 dam

e) 55 km

f) 31 km

g) 41 km

h) 7 dam

i) 61 hm

j) 43 hm

k) 50 dam

l) 71 hm

9. Rechne diese Längen in Dekameter (dam) um:

a) 61 m

b) 59 hm

c) 43 m

d) 7 m

e) 38 km

f) 52 km

g) 5 m

h) 33 m

i) 88 hm

j) 63 km

k) 12 hm

l) 16 m

10. Rechne diese Längen in Hektometer (hm) um:

a) 48 m

b) 68 dam

c) 50 m

d) 89 m

e) 32 km

f) 77 m

g) 29 km

h) 54 dam

i) 74 dam

j) 4 m

k) 67 m

l) 80 m

11. Rechne diese Längen in Kilometer (km) um:

a) 58 dam

b) 64 hm

c) 60 m

d) 13 hm

e) 86 hm

f) 44 hm

g) 29 m

h) 41 hm

i) 32 m

j) 68 dam

k) 38 hm

l) 38 dam

Übungen zu „Zwischen den Untereinheiten umrechnen"

→ die Lösungen stehen ab Seite 59

12. Rechne diese Längen in Kilometer (km) um:

a) 2 dm   b) 7 dm   c) 4 cm

d) 8 mm   e) 5 mm   f) 8 dm

g) 5 m   h) 7 dam   i) 3 hm

j) 8,1 m   k) 8,8 dm   l) 10,7 mm

13. Rechne diese Längen in Hektometer (hm) um:

a) 4 mm   b) 9 dam   c) 6 cm

d) 4 dm   e) 3 cm   f) 9 km

g) 2 km   h) 7 dam   i) 4 m

j) 7,6 cm   k) 9,5 dam   l) 9,2 dm

14. Rechne diese Längen in Dekameter (dam) um:

a) 9 m   b) 2 cm   c) 6 mm

d) 4 hm   e) 4 km   f) 9 hm

g) 6 cm   h) 9 km   i) 4 dm

j) 12,9 dm   k) 11,9 m   l) 9,9 cm

15. Rechne diese Längen in Meter (m) um:

a) 7 cm   b) 9 hm   c) 5 km

d) 3 mm   e) 9 km   f) 2 hm

g) 4 dm   h) 4 dam   i) 6 km

j) 12 dm   k) 12,7 mm   l) 8,1 km

16. Rechne diese Längen in Dezimeter (dm) um:

a) 4 dam   b) 5 dam   c) 6 hm

d) 5 cm   e) 9 hm   f) 4 mm

g) 4 m   h) 5 mm   i) 8 dam

j) 12,1 dam   k) 12,2 km   l) 10,8 cm

17. **Rechne diese Längen in Zentimeter (cm) um:**

a) 5 km   b) 9 dm   c) 6 mm

d) 9 m   e) 2 hm   f) 7 mm

g) 8 hm   h) 5 m   i) 4 km

j) 8,1 dam   k) 12,5 dm   l) 8,9 mm

18. **Rechne diese Längen in Millimeter (mm) um:**

a) 5 cm   b) 3 km   c) 4 m

d) 4 hm   e) 6 m   f) 8 m

g) 8 dam   h) 3 m   i) 5 m

j) 8,3 km   k) 8,2 m   l) 10,9 dm

Übungen zu „Addition von Längeneinheiten"

→ die Lösungen stehen ab Seite 62

19. **Addiere diese Längen und wandle in die größte Einheit um:**

a) 76 m + 22 dm   b) 78 m + 73 dm

c) 34 m + 58 dm   d) 26 cm + 21 mm

e) 87 dm + 25 cm   f) 22 cm + 53 mm

g) 73 dm + 51 cm   h) 5 dm + 13 cm

i) 68 dam + 58 m   j) 28 dm + 32 cm

k) 13 dam + 2 m   l) 59 m + 57 dm

20. **Addiere diese Längen und wandle in die kleinste Einheit um:**

a) 63 hm + 76 dam   b) 58 hm + 78 dam

c) 82 m + 72 dm   d) 38 hm + 32 dam

e) 34 dm + 63 cm   f) 9 dam + 68 m

g) 22 dm + 88 cm   h) 54 hm + 11 dam

i) 60 dam + 13 m   j) 69 m + 84 dm

k) 44 km + 31 hm   l) 31 hm + 66 dam

21. Addiere diese Längen und wandle in die kleinste Einheit um:

    a) 12 dam + 60 m + 40 hm   b) 19 hm + 67 dam + 40 km

    c) 15 dam + 70 m + 68 hm   d) 13 dm + 27 cm + 54 m

    e) 44 dam + 76 m + 56 hm   f) 55 cm + 5 mm + 72 dm

    g) 30 dm + 16 cm + 13 m   h) 74 dam + 56 m + 33 hm

    i) 43 hm + 63 dam + 50 km   j) 64 dm + 21 cm + 18 m

    k) 71 dm + 63 cm + 18 m   l) 18 dam + 34 m + 9 hm

22. Addiere diese Längen und wandle in eine sinnvolle Einheit um:

    a) 40 hm + 49 dam + 76 km + 7 dam

    b) 33 dm + 80 cm + 43 m + 37 cm

    c) 65 cm + 16 mm + 32 dm + 23 mm

    d) 68 dm + 57 cm + 77 m + 15 cm

    e) 19 hm + 37 dam + 61 km + 82 dam

    f) 46 dam + 45 m + 66 hm + 43 m

    g) 29 m + 43 dm + 40 dam + 8 dm

    h) 78 dam + 4 m + 52 hm + 70 m

    i) 18 hm + 89 dam + 65 km + 84 dam

    j) 64 m + 74 dm + 48 dam + 81 dm

    k) 88 hm + 9 dam + 27 km + 32 dam

    l) 21 dm + 44 cm + 30 m + 46 cm

Übungen zu „Subtraktion von Längeneinheiten"

→ die Lösungen stehen ab Seite 64

23. Subtrahiere diese Längen und wandle in die kleinste Einheit um:

    a) 91 hm − 58 dam   b) 59 m − 16 dm

    c) 13 dm − 13 cm   d) 6 m − 3 dm

    e) 40 dam − 81 m   f) 81 m − 52 dm

    g) 41 dm − 26 cm   h) 72 m − 74 dm

    i) 19 m − 8 dm   j) 91 dam − 23 m

    k) 39 dm − 54 cm   l) 25 dm − 80 cm

24. Subtrahiere diese Längen und wandle in die größte Einheit um:

a) 26 km − 19 hm
b) 71 dam − 15 m
c) 60 dm − 60 cm
d) 51 km − 82 hm
e) 87 m − 71 dm
f) 69 cm − 57 mm
g) 12 cm − 77 mm
h) 33 hm − 17 dam
i) 53 dm − 22 cm
j) 23 dam − 46 m
k) 41 km − 45 hm
l) 42 hm − 47 dam

25. Subtrahiere diese Längen und wandle in die kleinste Einheit um:

a) 62 km − 35 hm − 62 dam
b) 86 km − 47 hm − 55 dam
c) 55 dm − 6 cm − 86 mm
d) 90 dam − 17 m − 72 dm
e) 74 hm − 65 dam − 9 m
f) 51 km − 14 hm − 34 dam
g) 65 dam − 35 m − 75 dm
h) 47 km − 72 hm − 26 dam
i) 88 m − 33 dm − 36 cm
j) 51 km − 84 hm − 12 dam
k) 50 dam − 64 m − 10 dm
l) 54 dm − 4 cm − 22 mm

26. Subtrahiere diese Längen und wandle in eine sinnvolle Einheit um:

a) 63 dam − 34 m − 71 dm − 8 m
b) 43 hm − 49 dam − 17 m − 25 dam
c) 75 km − 69 hm − 38 dam − 18 hm
d) 63 dam − 59 m − 53 dm − 30 m
e) 76 dm − 73 cm − 83 mm − 18 cm
f) 56 hm − 52 dam − 32 m − 7 dam
g) 60 km − 49 hm − 38 dam − 5 hm
h) 55 m − 71 dm − 84 cm − 18 dm
i) 50 dm − 18 cm − 69 mm − 8 cm
j) 84 m − 88 dm − 49 cm − 10 dm
k) 63 dam − 83 m − 80 dm − 6 m
l) 77 m − 73 dm − 40 cm − 7 dm

→ die Lösungen stehen ab Seite 66

27. Multipliziere diese Längen:

a) 4 dam · 5

b) 7 mm · 2

c) 9 m · 7

d) 9 mm · 2

e) 4 dm · 4

f) 2 mm · 7

g) 4 m · 2

h) 9 cm · 6

i) 4 cm · 8

j) 9 hm · 8

k) 5 dm · 7

l) 6 cm · 4

28. Multipliziere diese Längen und gib das Ergebnis in der größtmöglichen Einheit an:

a) 11 m · 4

b) 10 dam · 4

c) 14 m · 8

d) 11 mm · 6

e) 8 m · 4

f) 12 hm · 9

g) 15 dam · 9

h) 9 m · 6

i) 15 m · 5

j) 10 cm · 2

k) 9 hm · 3

l) 9 dam · 7

29. Multipliziere diese Längen und gib das Ergebnis in der richtigen Einheit an:

a) 4 m · 8 m

b) 2 dam · 8 dam

c) 5 dm · 3 dm

d) 2 cm · 7 cm

e) 9 m · 7 dam

f) 2 dm · 8 m

g) 2 dam · 2 hm

h) 3 m · 8 dam

i) 6 m · 2 dam

j) 7 dm · 8 m

k) 9 mm · 5 cm

l) 6 mm · 8 cm

→ die Lösungen stehen ab Seite 67

30. Dividiere diese Längen:

a) 24 cm : 4 cm
b) 45 cm : 5 cm
c) 56 mm : 7 mm
d) 32 dam : 8 dam
e) 40 dm : 5 dm
f) 25 mm : 5 mm
g) 54 m : 9 m
h) 63 cm : 9 cm
i) 10 hm : 5 hm
j) 27 m : 9 m
k) 18 dm : 2 dm
l) 64 hm : 8 hm

31. Dividiere diese Längen:

a) 65 dam : 5
b) 44 m : 4
c) 80 m : 8
d) 18 dam : 2
e) 80 dam : 8
f) 70 dam : 5
g) 45 hm : 5
h) 135 m : 9
i) 90 cm : 9
j) 90 hm : 6
k) 44 dam : 4
l) 28 hm : 2

32. Dividiere diese Längen:

a) 12 hm : 6 dam
b) 4 dam : 2 m
c) 49 m : 7 dm
d) 28 cm : 7 mm
e) 64 cm : 8 mm
f) 36 m : 9 dm
g) 16 km : 2 hm
h) 12 hm : 3 dam
i) 16 cm : 8 mm
j) 18 cm : 9 mm
k) 56 m : 7 dm
l) 18 dam : 6 m

→ die Lösungen stehen ab Seite 68

33. Löse die Textaufgaben:

a) Eine Leichtathletikbahn in der Sporthalle hat eine Länge von 200 m. Aus wie vielen Runden besteht ein 5-km-Lauf?

b) Jenny war am Anfang des Jahres 1,52 m groß. Im Verlauf des Jahres ist sie um 3 cm, im Verlauf des nächsten Jahres um 20 mm gewachsen. Wie groß ist Jenny jetzt?

c) Ein Wanderer macht auf einer Wanderung 18.000 Schritte. Wie groß ist der zurückgelegte Weg, wenn die Schrittlänge durchschnittlich 0,6 m beträgt?

d) Eine Metallstange ist 4,2 m lang. Es werden 4 Teile zu je 15 cm Länge und 7 Teile zu je 4,3 dm Länge abgeschnitten. Wie lang ist der Rest? (Die Breite des Sägeblattes wird nicht berücksichtigt.)

e) Carolines Eltern möchten in ihrem Wohnzimmer eine neue Fußleiste anbringen. Das Zimmer ist 5,4 m lang und 4,2 m breit. Die Zimmertür ist 80 cm, die Balkontüre 12 dm breit. Wie lang (in m) ist die Fußleiste insgesamt?

f) In einer Häuserreihe stehen 6 Häuser nebeneinander. Das erste Haus ist 22,3 m lang, das zweite ist 6,5 m länger als das erste, das dritte 1,6 m kürzer als das zweite Haus. Das vierte Haus ist 27 m lang, das fünfte ist 2 m länger als das vierte und das sechste Haus ist 32 m lang. Wie lang ist die Häuserreihe?

g) Wie lang sind 350 Eisenbahnschienen von je 11,25 m Länge, die mit einem Abstand von jeweils 20 mm verlegt werden?

h) Ein Wagenrad mit dem Umfang 3,14 m hat sich 500 mal gedreht. Wie weit ist der Wagen vorwärts gekommen?

i) Ein Kirschbaum wächst in jedem Jahr etwa 60 cm. Carolines Vater hat vor dem Haus einen Kirschbaum gepflanzt, der 1 m hoch ist. Das Haus ist 7 m hoch. Nach wie vielen Jahren ist der Kirschbaum genau so hoch wie das Haus?

j) Jenny und Leah kaufen den gleichen Stoff. Jenny kauft 1,55 m, Leah 235 cm. Wie viel Stoff muss die Verkäuferin insgesamt abschneiden?

k) Ein 7,2 m langes Blumenbeet wird in drei gleich große Teile aufgeteilt. Wie lang ist jeder Teil?

l) Jennys Vater fährt täglich insgesamt 374 hm zur Arbeit und zurück. Wie viele km legt er in einer Monat zurück, wenn er 22 Tage arbeitet?

34. Löse die Textaufgaben:

a) Die drei höchsten Berge in Deutschland sind die Zugspitze mit 2.962 m, der Hochwanner mit 2,744 km und der Watzmann mit 27,13 hm. Um wie viele Meter ist der Mount Everest (8.848 m) höher als alle drei Berge zusammen?

b) 16 gleich hohe Steinblöcke wurden zu einer 56 dm hohen Säule aufeinander gesetzt. Wie hoch ist ein Steinblock?

c) Ein Baum ist 2,95 m hoch. Vor 3 Jahren betrug seine Höhe 2,61 m. Wie viele Zentimeter ist er in diesen 3 Jahren gewachsen?

d) Ein Radweg ist 8,6 km lang, davon sind 6.324 m geteert. Wie viele Meter sind noch Schotterweg?

e) Leah hat sich ihr erstes Auto gekauft. Die Fertiggarage hat eine Innenbreite von 2,82 m. In den Autopapieren ist die Länge ihres Autos mit 1.780 mm angegeben. Wie viel Platz hat sie zum Aussteigen, wenn das Auto etwa 15 cm von der rechten Wand weg steht?

f) Bei einem Radrennen müssen die Fahrer den 3,75 km langen Rundkurs 8 mal durchfahren. Welche Strecke legen sie während dem Rennen zurück?

g) In einer Segelschule werden von einer 100 m langen Taurolle 42 Taustücke von 1,5 m zum Knotenüben abgeschnitten. Wie lang ist das Reststück? (Die Breite der Schnitte wird nicht berücksichtigt.)

h) Ein Radfahrer macht eine Ausfahrt und legt folgende Strecken zurück: Am ersten Tag fuhr er 58 km, am zweiten Tag 100 hm weniger, am dritten Tag 15 km mehr als am ersten Tag und am letzten Tag 510 hm. Welche Strecke legt er insgesamt zurück?

i) Ein Grundstück ist 15 m lang und 20 m breit. Zum Einzäunen werden im Baumarkt Zaunfelder mit einer Länge von 2,5 m gekauft. Wie viele Zaunfelder werden benötigt?

j) Carolines Mutter räumt die 30 Bände ihres Lexikons in ein Regal ein. Ein Band ist 5,6 cm breit. Wie lang (in m) wird die Reihe der Bücher?

k) Für ein Gerüst werden Stahlträger mit eine Gesamtlänge von 623 m benötigt. Jeder Träger ist 3,5 m lang. Wie viele Träger werden benötigt?

8. Lösungen

Die gezeigten Lösungen sind nur eine Variante – du kannst die Aufgaben auch anders lösen. Wichtig ist dabei nur, dass dein Ergebnis am Ende dem unserer Lösung entspricht.

Lösungen zu „Vorsätze für Längeneinheiten" (Seite 45)

1. Wie heißt die nächstkleinere Längeneinheit?

a) Meter = Dezimeter

b) Zentimeter = Millimeter

c) Kilometer = Hektometer

d) Dekameter = Meter

e) Dezimeter = Zentimeter

f) Hektometer = Dekameter

2. Wie heißt die nächstgrößere Längeneinheit?

a) Meter = Dekameter

b) Dezimeter = Meter

c) Millimeter = Zentimeter

d) Hektometer = Kilometer

e) Zentimeter = Dezimeter

f) Dekameter = Hektometer

3. Wie viel bedeutet der Vorsatz?

a) Kilo = das Tausendfache (1.000)

b) Dezi = ein Hundertstel (0,01)

c) Milli = ein Tausendstel (0,001)

d) Hekto = das Hundertfache (100)

e) Zenti = ein Zehntel (0,1)

f) Deka = ein Zehnfache (10)

4. Ordne den Längeneinheiten die richtige Abkürzung zu:

a) Meter = m

b) Dezimeter = dm

c) Millimeter = mm

d) Hektometer = hm

e) Zentimeter = cm

f) Dekameter = dam

g) Kilometer = km

5. Rechne diese Längen in Dezimeter (dm) um:

a) 36 cm (: 10) = 3,6 dm

b) 6,5 m (· 10) = 65 dm

c) 1,5 cm (: 10) = 0,15 dm

d) 58 cm (: 10) = 5,8 dm

e) 8 m (· 10) = 80 dm

f) 10 cm (: 10) = 1 dm

g) 9,68 m (· 10) = 96,8 dm

h) 960 mm (: 10) = 96 cm (: 10) = 9,6 dm

i) 29 m (· 10) = 290 dm

j) 0,4 m (· 10) = 4 dm

k) 476 cm (: 10) = 47,6 dm

l) 9.242 mm = (: 10) = 924,2 cm (: 10) = 92,42 dm

6. Rechne diese Längen in Zentimeter (cm) um:

a) 4 dm (· 10) = 40 cm

b) 1 m (· 10) = 10 dm (· 10) = 100 cm

c) 12 mm (: 10) = 1,2 cm

d) 23 dm (· 10) = 230 cm

e) 78 m (· 10) = 780 dm (· 10) = 7.800 cm

f) 108 dm (· 10) = 1.080 cm

g) 5,232 m (· 10) = 52,32 dm (· 10) = 523,2 cm

h) 6,3 dm (· 10) = 63 cm

i) 54,8 mm (: 10) = 5,48 cm

j) 6,7 mm (: 10) = 0,67 cm

k) 0,7 dm (· 10) = 7 cm

l) 0,089 m (· 10) = 0,89 dm (· 10) = 8,9 cm

7. Rechne diese Längen in Millimeter (mm) um:

a) 7 dm (· 10) = 70 cm (· 10) = 700 mm

b) 1 cm (· 10) = 10 mm

c) 71 cm (· 10) = 710 mm

d) 45 dm (· 10) = 450 cm (· 10) = 4.500 mm

e) 3,19 m (· 10) = 31,9 dm (· 10) = 319 cm (· 10) = 3.190 mm

f) 53 m (· 10) = 530 dm (· 10) = 5.300 cm (· 10) = 53.000 mm

g) 18,4 dm (· 10) = 184 cm (· 10) = 1.840 mm

h) 66,8 cm (· 10) = 668 mm

i) 19,242 m (· 10) = 192,42 dm (· 10) = 1.924,2 cm (· 10) = 19.242 mm

j) 0,210 cm (· 10) = 2,1 mm

k) 0,04 dm (· 10) = 0,4 cm (· 10) = 4 mm

l) 0,006 m (· 10) = 0,06 dm (· 10) = 0,6 cm (· 10) = 6 mm

Lösungen zu „Vorsätze für ein vielfaches eines Meters" (Seite 47)

8. Rechne diese Längen in Meter (m) um:

a) 54 dam (· 10) = 540 m

b) 12 hm (· 10) = 120 dam (· 10) = 1.200 m

c) 3 hm (· 10) = 30 dam (· 10) = 300 m

d) 45 dam (· 10) = 450 m

e) 55 km (· 10) = 550 hm (· 10) = 5.500 dam (· 10) = 55.000 m

f) 31 km (· 10) = 310 hm (· 10) = 3.100 dam (· 10) = 31.000 m

g) 41 km (· 10) = 410 hm (· 10) = 4.100 dam (· 10) = 41.000 m

h) 7 dam (· 10) = 70 m

i) 61 hm (· 10) = 610 dam (· 10) = 6.100 m

j) 43 hm (· 10) = 430 dam (· 10) = 4.300 m

k) 50 dam (· 10) = 500 m

l) 71 hm (· 10) = 710 dam (· 10) = 7.100 m

9. Rechne diese Längen in Dekameter (dam) um:

a) 61 m (: 10) = 6,1 dam

b) 59 hm (· 10) = 590 dam

c) 43 m (: 10) = 4,3 dam

d) 7 m (: 10) = 0,7 dam

e) 38 km (· 10) = 380 hm (· 10) = 3.800 dam

f) 52 km (· 10) = 520 hm (· 10) = 5.200 dam

g) 5 m (: 10) = 0,5 dam

h) 33 m (: 10) = 3,3 dam

i) 88 hm (· 10) = 880 dam

j) 63 km (· 10) = 630 hm (· 10) = 6.300 dam

k) 12 hm (· 10) = 120 dam

l) 16 m (: 10) = 1,6 dam

10. **Rechne diese Längen in Hektometer (hm) um:**
    a) 48 m (: 10) = 4,8 dam (: 10) = 0,48 hm
    b) 68 dam (: 10) = 6,8 hm
    c) 50 m (: 10) = 5 dam (: 10) = 0,5 hm
    d) 89 m (: 10) = 8,9 dam (: 10) = 0,89 hm
    e) 32 km (· 10) = 320 hm
    f) 77 m (: 10) = 7,7 dam (: 10) = 0,77 hm
    g) 29 km (· 10) = 290 hm
    h) 54 dam (: 10) = 5,4 hm
    i) 74 dam (: 10) = 7,4 hm
    j) 4 m (: 10) = 0,4 dam (: 10) = 0,04 hm
    k) 67 m (: 10) = 6,7 dam (: 10) = 0,67 hm
    l) 80 m (: 10) = 8 dam (: 10) = 0,8 hm

11. **Rechne diese Längen in Kilometer (km) um:**
    a) 58 dam (: 10) = 5,8 hm = 0,58 km
    b) 64 hm (: 10) = 6,4 km
    c) 60 m (: 10) = 6 dam (: 10) = 0,6 hm (: 10) = 0,06 km
    d) 13 hm (: 10) = 1,3 km
    e) 86 hm (: 10) = 8,6 km
    f) 44 hm (: 10) = 4,4 km
    g) 29 m (: 10) = 2,9 dam (: 10) = 0,29 hm (: 10) = 0,029 km
    h) 41 hm (: 10) = 4,1 km
    i) 32 m (: 10) = 3,2 dam (: 10) = 0,32 hm (: 10) = 0,032 km
    j) 68 dam (: 10) = 6,8 hm = 0,68 km
    k) 38 hm (: 10) = 3,8 km
    l) 38 dam (: 10) = 3,8 hm = 0,38 km

Lösungen zu „Zwischen den Untereinheiten umrechnen" (Seite 48)

12. **Rechne diese Längen in Kilometer (km) um:**
    a) 2 dm (: 10) = 0,2 m (: 10) = 0,02 dam (: 10) = 0,002 hm (: 10) = 0,0002 km
    b) 7 dm (: 10) = 0,7 m (: 10) = 0,07 dam (: 10) = 0,007 hm (: 10) = 0,0007 km
    c) 4 cm (: 10) = 0,4 dm (: 10) = 0,04 m (: 10) = 0,004 dam (: 10) = 0,0004 hm (: 10) = 0,00004 km
    d) 8 mm (: 10) = 0,8 cm (: 10) = 0,08 dm (: 10) = 0,008 m (: 10) = 0,0008 dam (: 10) = 0,00008 hm (: 10) = 0,000008 km

e) 5 mm (: 10) = 0,5 cm (: 10) = 0,05 dm (: 10) = 0,005 m (: 10) = 0,0005 dam (: 10) =
   0,00005 hm (: 10) = 0,000005 km

f) 8 dm (: 10) = 0,8 m (: 10) = 0,08 dam (: 10) = 0,008 hm (: 10) = 0,0008 km

g) 5 m (: 10) = 0,5 dam (: 10) = 0,05 hm (: 10) = 0,005 km

h) 7 dam (: 10) = 0,7 hm (: 10) = 0,07 km

i) 3 hm (: 10) = 0,3 km

j) 8,1 m (: 10) = 0,81 dam (: 10) = 0,081 hm (: 10) = 0,0081 km

k) 8,8 dm (: 10) = 0,88 m (: 10) = 0,088 dam (: 10) = 0,0088 hm (: 10) = 0,00088 km

l) 10,7 mm (: 10) = 1,07 cm (: 10) = 0,107 dm (: 10) = 0,0107 m (: 10) = 0,00107 dam (: 10) =
   0,000107 hm (: 10) = 0,0000107 km

13. Rechne diese Längen in Hektometer (hm) um:

a) 4 mm (: 10) = 0,4 cm (: 10) = 0,04 dm (: 10) = 0,004 m (: 10) = 0,0004 dam (: 10) = 0,00004 hm

b) 9 dam (: 10) = 0,9 hm

c) 6 cm (: 10) = 0,6 dm (: 10) = 0,06 m (: 10) = 0,006 dam (: 10) = 0,0006 hm

d) 4 dm (: 10) = 0,4 m (: 10) = 0,04 dam (: 10) = 0,004 hm

e) 3 cm (: 10) = 0,3 dm (: 10) = 0,03 m (: 10) = 0,003 dam (: 10) = 0,0003 hm

f) 9 km (· 10) = 90 hm

g) 2 km (· 10) = 20 hm

h) 7 dam (: 10) = 0,7 hm

i) 4 m (: 10) = 0,4 dam (: 10) = 0,04 hm

j) 7,6 cm (: 10) = 0,76 dm (: 10) = 0,076 m (: 10) = 0,0076 dam (: 10) = 0,00076 hm

k) 9,5 dam (: 10) = 0,95 hm

l) 9,2 dm (: 10) = 0,92 m (: 10) = 0,092 dam (: 10) = 0,0092 hm

14. Rechne diese Längen in Dekameter (dam) um:

a) 9 m (: 10) = 0,9 dam

b) 2 cm (: 10) = 0,2 dm (: 10) = 0,02 m (: 10) = 0,002 dam

c) 6 mm (: 10) = 0,6 cm (: 10) = 0,06 dm (: 10) = 0,006 m (: 10) = 0,0006 dam

d) 4 hm (· 10) = 40 dam

e) 4 km (· 10) = 40 hm (· 10) = 400 dam

f) 9 hm (· 10) = 90 dam

g) 6 cm (: 10) = 0,6 dm (: 10) = 0,06 m (: 10) = 0,006 dam

h) 9 km (· 10) = 90 hm (· 10) = 900 dam

i) 4 dm (: 10) = 0,4 m (: 10) = 0,04 dam

j) 12,9 dm (: 10) = 1,29 m (: 10) = 0,129 dam

k) 11,9 m (: 10) = 1,19 dam

l) 9,9 cm (: 10) = 0,99 dm (: 10) = 0,099 m (: 10) = 0,0099 dam

15. Rechne diese Längen in Meter (m) um:

a) 7 cm (: 10) = 0,7 dm (: 10) = 0,07 m

b) 9 hm (· 10) = 90 dam (· 10) = 900 m

c) 5 km (· 10) = 50 hm (· 10) = 500 dam (· 10) = 5.000 m

d) 3 mm (: 10) = 0,3 cm (: 10) = 0,03 dm (: 10) = 0,003 m

e) 9 km (· 10) = 90 hm (· 10) = 900 dam (· 10) = 9.000 m

f) 2 hm (· 10) = 20 dam (· 10) = 200 m

g) 4 dm (: 10) = 0,4 m

h) 4 dam (· 10) = 40 m

i) 6 km (· 10) = 60 hm (· 10) = 600 dam (· 10) = 6.000 m

j) 12 dm (: 10) = 1,2 m

k) 12,7 mm (: 10) = 1,27 cm (: 10) = 0,127 dm (: 10) = 0,0127 m

l) 8,1 km (· 10) = 81 hm (· 10) = 810 dam (· 10) = 8.100 m

16. Rechne diese Längen in Dezimeter (dm) um:

a) 4 dam (· 10) = 40 m (· 10) = 400 dm

b) 5 dam (· 10) = 50 m (· 10) = 500 dm

c) 6 hm (· 10) = 60 dam (· 10) = 600 m (· 10) = 6.000 dm

d) 5 cm (: 10) = 0,5 dm

e) 9 hm (· 10) = 90 dam (· 10) = 900 m (· 10) = 9.000 dm

f) 4 mm (: 10) = 0,4 cm (: 10) = 0,04 dm

g) 4 m (· 10) = 40 dm

h) 5 mm (: 10) – 0,5 cm (: 10) = 0,05 dm

i) 8 dam (· 10) = 80 m (· 10) = 800 dm

j) 12,1 dam (· 10) = 121 m (· 10) = 1.210 dm

k) 12,2 km (· 10) = 122 hm (· 10) = 1.220 dam (· 10) = 12.200 m (· 10) = 122.000 dm

l) 10,8 cm (: 10) = 1,08 dm

17. Rechne diese Längen in Zentimeter (cm) um:

a) 5 km (· 10) = 50 hm (· 10) = 500 dam (· 10) = 5.000 m (· 10) = 50.000 dm (· 10) = 500.000 cm

b) 9 dm (· 10) = 90 cm

c) 6 mm (: 10) = 0,6 cm

d) 9 m (· 10) = 90 dm (· 10) = 900 cm

e) 2 hm (· 10) = 20 dam (· 10) = 200 m (· 10) = 2.000 dm (· 10) = 20.000 cm

f) 7 mm (: 10) = 0,7 cm

g) 8 hm (· 10) = 80 dam (· 10) = 800 m (· 10) = 8.000 dm (· 10) = 80.000 cm

h) 5 m (· 10) = 50 dm (· 10) = 500 cm

i) 4 km (· 10) = 40 hm (· 10) = 400 dam (· 10) = 4.000 m (· 10) = 40.000 dm (· 10) = 400.000 cm

j) 8,1 dam ($\cdot$ 10) = 81 m ($\cdot$ 10) = 810 dm ($\cdot$ 10) = 8.100 cm

k) 12,5 dm ($\cdot$ 10) = 125 cm

l) 8,9 mm (: 10) = 0,89 cm

18. Rechne diese Längen in Millimeter (mm) um:

a) 5 cm ($\cdot$ 10) = 50 mm

b) 3 km ($\cdot$ 10) = 30 hm ($\cdot$ 10) = 300 dam ($\cdot$ 10) = 3.000 m ($\cdot$ 10) = 30.000 dm ($\cdot$ 10) = 300.000 cm ($\cdot$ 10) = 3.000.000 mm

c) 4 m ($\cdot$ 10) = 40 dm ($\cdot$ 10) = 400 cm ($\cdot$ 10) = 4.000 mm

d) 4 hm ($\cdot$ 10) = 40 dam ($\cdot$ 10) = 400 m ($\cdot$ 10) = 4.000 dm ($\cdot$ 10) = 40.000 dm ($\cdot$ 10) = 400.000 mm

e) 6 m ($\cdot$ 10) = 60 dm ($\cdot$ 10) = 600 cm ($\cdot$ 10) = 6.000 mm

f) 8 m ($\cdot$ 10) = 80 dm ($\cdot$ 10) = 800 cm ($\cdot$ 10) = 8.000 mm

g) 8 dam ($\cdot$ 10) = 80 m ($\cdot$ 10) = 800 dm ($\cdot$ 10) = 8.000 cm ($\cdot$ 10) = 80.000 mm

h) 3 m ($\cdot$ 10) = 30 dm ($\cdot$ 10) = 300 cm ($\cdot$ 10) = 3.000 mm

i) 5 m ($\cdot$ 10) = 50 dm ($\cdot$ 10) = 500 cm ($\cdot$ 10) = 5.000 mm

j) 8,3 km ($\cdot$ 10) = 83 hm ($\cdot$ 10) = 830 dam ($\cdot$ 10) = 8.300 m ($\cdot$ 10) = 83.000 dm ($\cdot$ 10) = 830.000 cm ($\cdot$ 10) = 8.300.000 mm

k) 8,2 m ($\cdot$ 10) = 82 dm ($\cdot$ 10) = 820 cm ($\cdot$ 10) = 8.200 mm

l) 10,9 dm ($\cdot$ 10) = 109 cm ($\cdot$ 10) = 1.090 mm

Lösungen zu „Addition von Längeneinheiten" (Seite 49)

19. Addiere diese Längen und wandle in die größte Einheit um:

a) 76 m + (22 dm : 10) = 76 m + 2,2 m = 78,2 m

b) 78 m + (73 dm : 10) = 78 m + 7,3 m = 85,3 m

c) 34 m + (58 dm : 10) = 34 m + 5,8 m = 39,8 m

d) 26 cm + (21 mm : 10) = 26 cm + 2,1 cm = 28,1 cm

e) 87 dm + (25 cm : 10) = 87 dm + 2,5 dm = 89,5 dm

f) 22 cm + (53 mm : 10) = 22 cm + 5,3 cm = 27,3 cm

g) 73 dm + (51 cm : 10) = 73 dm + 5,1 dm = 78,1 dm

h) 5 dm + (13 cm : 10) = 5 dm + 1,3 dm = 6,3 dm

i) 68 dam + (58 m : 10) = 68 dam + 5,8 dam = 73,8 dam

j) 28 dm + (32 cm : 10) = 28 dm + 3,2 dm = 31,2 dm

k) 13 dam + (2 m : 10) = 13 dam + 0,2 dam = 13,2 dam

l) 59 m + (57 dm : 10) = 59 m + 5,7 m = 64,7 m

20. Addiere diese Längen und wandle in die kleinste Einheit um:

a) (63 hm · 10) + 76 dam = 630 dam + 76 dam = 706 dam

b) (58 hm · 10) + 78 dam = 580 dam + 78 dam = 658 dam

c) (82 m · 10) + 72 dm = 820 dm + 72 dm = 892 dm

d) (38 hm · 10) + 32 dam = 380 dam + 32 dam = 412 dam

e) (34 dm · 10) + 63 cm = 340 cm + 63 cm = 403 cm

f) (9 dam · 10) + 68 m = 90 m + 68 m = 158 m

g) (22 dm · 10) + 88 cm = 220 cm + 88 cm = 308 cm

h) (54 hm · 10) + 11 dam = 540 dam + 11 dam = 551 dam

i) (60 dam · 10) + 13 m = 600 m + 13 m = 613 m

j) (69 m · 10) + 84 dm = 690 dm + 84 dm = 774 dm

k) (44 km · 10) + 31 hm = 440 hm + 31 hm = 471 hm

l) (31 hm · 10) + 66 dam = 310 dam + 66 dam = 376 dam

21. Addiere diese Längen und wandle in die kleinste Einheit um:

a) (12 dam · 10) + 60 m + (40 hm · 10 · 10) = 120 m + 60 m + 4.000 m = 4.180 m

b) (19 hm · 10) + 67 dam + (40 km · 10 · 10) = 190 dam + 67 dam + 4.000 dam = 4.257 dam

c) (15 dam · 10) + 70 m + (68 hm · 10 · 10) = 150 m + 70 m + 6.800 m = 7.020 m

d) (13 dm · 10) + 27 cm + (54 m · 10 · 10) = 130 cm + 27 cm + 5.400 cm = 5.557 cm

e) (44 dam · 10) + 76 m + (56 hm · 10 · 10) = 440 m + 76 m + 5.600 m = 6.116 m

f) (55 cm · 10) + 5 mm + (72 dm · 10 · 10) = 550 mm + 5 mm + 72.00 mm = 7.755 mm

g) (30 dm · 10) + 16 cm + (13 m · 10 · 10) = 300 cm + 16 cm + 1.300 cm = 1.616 cm

h) (74 dam · 10) + 56 m + (33 hm · 10 · 10) = 740 m + 56 m + 3.300 m = 4.096 m

i) (43 hm · 10) + 63 dam + (50 km · 10 · 10) = 430 dam + 63 dam + 5.000 dam = 5.493 dam

j) (64 dm · 10) + 21 cm + (18 m · 10 · 10) = 640 cm + 21 cm + 1.800 cm = 2.461 cm

k) (71 dm · 10) + 63 cm + (18 m · 10 · 10) = 710 cm + 63 cm + 1.800 cm = 2.573 cm

l) (18 dam · 10) + 34 m + (9 hm · 10 · 10) = 180 m + 34 m + 900 m = 1.114 m

22. Addiere diese Längen und wandle in eine sinnvolle Einheit um:

a) (40 hm · 10) + 49 dam + (76 km · 10 · 10) + 7 dam = 400 dam + 49 dam + 7.600 dam + 7 dam = 8.056 dam

b) (33 dm · 10) + 80 cm + (43 m · 10 · 10) + 37 cm = 330 cm + 80 cm + 4.300 cm + 37 cm = 4.747 cm

c) (65 cm · 10) + 16 mm + (32 dm · 10 · 10) + 23 mm = 650 mm + 16 mm + 3.200 mm + 23 mm = 3.889 mm

d) (68 dm · 10) + 57 cm + (77 m · 10 · 10) + 15 cm = 680 cm + 57 cm + 7.700 cm + 15 cm = 8.452 cm

e) (19 hm · 10) + 37 dam + (61 km · 10 · 10) + 82 dam = 190 dam + 37 dam + 6.100 dam + 82 dam = 6.409 dam

f) (46 dam · 10) + 45 m + (66 hm · 10 · 10) + 43 m = 460 m + 45 m + 6.600 m + 43 m = 7.148 m

g) (29 m · 10) + 43 dm + (40 dam · 10 · 10) + 8 dm = 290 dm + 43 dm + 4.000 dm + 8 dm = 4.341 dm

h) (78 dam · 10) + 4 m + (52 hm · 10 · 10) + 70 m = 780 m + 4 m + 5.200 m + 70 m = 6.054 m

i) (18 hm · 10) + 89 dam + (65 km · 10 · 10) + 84 dam = 180 dam + 89 dam + 6.500 dam + 84 dam = 6.853 dam

j) (64 m · 10) + 74 dm + (48 dam · 10 · 10) + 81 dm = 640 dm + 74 dm + 4.800 dm + 81 dm = 5.595 dm

k) (88 hm · 10) + 9 dam + (27 km · 10 · 10) + 32 dam = 880 dam + 9 dam + 2.700 dam + 32 dam = 3.621 dam

l) (21 dm · 10) + 44 cm + (30 m · 10 · 10) + 46 cm = 210 cm + 44 cm + 3.000 cm + 46 cm = 3.300 cm

Lösungen zu „Subtraktion von Längeneinheiten" (Seite 50)

23. Subtrahiere diese Längen und wandle in die kleinste Einheit um:

a) (91 hm · 10) − 58 dam = 910 dam − 58 dam = 852 dam

b) (59 m · 10) − 16 dm = 590 dm − 16 dm = 574 dm

c) (13 dm · 10) − 13 cm = 130 cm − 13 cm = 117 cm

d) (6 m · 10) − 3 dm = 60 dm − 3 dm = 57 dm

e) (40 dam · 10) − 81 m = 400 m − 81 m = 319 m

f) (81 m · 10) − 52 dm = 810 dm − 52 dm = 758 dm

g) (41 dm · 10) − 26 cm = 410 cm − 26 cm = 384 cm

h) (72 m · 10) − 74 dm = 720 dm − 74 dm = 646 dm

i) (19 m · 10) − 8 dm = 190 dm − 8 dm = 182 dm

j) (91 dam · 10) − 23 m = 910 m − 23 m = 887 m

k) (39 dm · 10) − 54 cm = 390 cm − 54 cm = 336 cm

l) (25 dm · 10) − 80 cm = 250 cm − 80 cm = 170 cm

24. Subtrahiere diese Längen und wandle in die größte Einheit um:

a) 26 km − (19 hm : 10) = 26 km − 1,9 km = 24,1 km

b) 71 dam − (15 m : 10) = 71 dam − 1,5 dam = 69,5 dam

c) 60 dm − (60 cm : 10) = 60 dm − 6 dm = 54 dm

d) 51 km − (82 hm : 10) = 51 km − 8,2 km = 42,8 km

e) 87 m − (71 dm : 10) = 87 m − 7,1 m = 79,9 m

f) 69 cm − (57 mm : 10) = 69 cm − 5,7 cm = 63,3 cm

g) 12 cm − (77 mm : 10) = 12 cm − 7,7 cm = 4,3 cm

h) 33 hm − (17 dam : 10) = 33 hm − 1,7 hm = 31,3 hm

i) 53 dm − (22 cm : 10) = 53 dm − 2,2 dm = 50,8 dm

j) 23 dam − (46 m : 10) = 23 dam − 4,6 dam = 18,4 dam

k) 41 km − (45 hm : 10) = 41 km − 4,5 km = 36,5 km

l) 42 hm − (47 dam : 10) = 42 hm − 4,7 hm = 37,3 hm

25. Subtrahiere diese Längen und wandle in die kleinste Einheit um:

a) (62 km · 10 · 10) − (35 hm · 10) − 62 dam = 6.200 dam − 350 dam − 62 dam = 5.788 dam

b) (86 km · 10 · 10) − (47 hm · 10) − 55 dam = 8.600 dam − 470 dam − 55 dam = 8.075 dam

c) (55 dm · 10 · 10) − (6 cm · 10) − 86 mm = 5.500 mm − 60 mm − 86 mm = 5.354 mm

d) (90 dam · 10 · 10) − (17 m · 10) − 72 dm = 9.000 dm − 170 dm − 72 dm = 8.758 dm

e) (74 hm · 10 · 10) − (65 dam · 10) − 9 m = 7.400 m − 650 m − 9 m = 6.741 m

f) (51 km · 10 · 10) − (14 hm · 10) − 34 dam = 5.100 dam − 140 dam − 34 dam = 4.926 dam

g) (65 dam · 10 · 10) − (35 m · 10) − 75 dm = 6.500 dm − 350 dm − 75 dm = 6.075 dm

h) (47 km · 10 · 10) − (72 hm · 10) − 26 dam = 4.700 dam − 720 dam − 26 dam = 3.954 dam

i) (88 m · 10 · 10) − (33 dm · 10) − 36 cm = 8.800 cm − 330 cm − 36 cm = 8.434 cm

j) (51 km · 10 · 10) − (84 hm · 10) − 12 dam = 5.100 dam − 840 dam − 12 dam = 4.248 dam

k) (50 dam · 10 · 10) − (64 m · 10) − 10 dm = 5.000 dm − 640 dm − 10 dm = 4.350 dm

l) (54 dm · 10 · 10) − (4 cm · 10) − 22 mm = 5.400 mm − 40 mm − 22 mm = 5.338 mm

26. Subtrahiere diese Längen und wandle in eine sinnvolle Einheit um:

a) (63 dam · 10) − 34 m − (71 dm : 10) − 8 m = 630 m − 34 m − 7,1 m − 8 m = 580,9 m

b) (43 hm · 10) − 49 dam − (17 m : 10) − 25 dam = 430 dam − 49 dam − 1,7 dam − 25 dam = 354,3 dam

c) (75 km · 10) − 69 hm − (38 dam : 10) − 18 hm = 750 hm − 69 hm − 3,8 hm − 18 hm = 659,2 hm

d) (63 dam · 10) − 59 m − (53 dm : 10) − 30 m = 630 m − 59 m − 5,3 m − 30 m = 535,7 m

e) (76 dm · 10) − 73 cm − (83 mm : 10) − 18 cm = 760 cm − 73 cm − 8,3 cm − 18 cm = 660,7 cm

f) (56 hm · 10) − 52 dam − (32 m : 10) − 7 dam = 560 dam − 52 dam − 3,2 dam − 7 dam = 497,8 dam

g) (60 km · 10) − 49 hm − (38 dam : 10) − 5 hm = 600 hm − 49 hm − 3,8 hm − 5 hm = 542,2 hm

h) (55 m · 10) − 71 dm − (84 cm : 10) − 18 dm = 550 dm − 71 dm − 8,4 dm − 18 dm = 452,6 dm

i) (50 dm · 10) − 18 cm − (69 mm : 10) − 8 cm = 500 cm − 18 cm − 6,9 cm − 8 cm = 467,1 cm

j) (84 m · 10) − 88 dm − (49 cm : 10) − 10 dm = 840 dm − 88 dm − 4,9 dm − 10 dm = 737,1 dm

k) (63 dam · 10) − 83 m − (80 dm : 10) − 6 m = 630 m − 83 m − 8 m − 6 m = 533 m

l) (77 m · 10) − 73 dm − (40 cm : 10) − 7 dm = 770 dm − 73 dm − 4 dm − 7 dm = 686 dm

27. **Multipliziere diese Längen:**

a) 4 dam · 5 = 20 dam

b) 7 mm · 2 = 14 mm

c) 9 m · 7 = 63 m

d) 9 mm · 2 = 18 mm

e) 4 dm · 4 = 16 dm

f) 2 mm · 7 = 14 mm

g) 4 m · 2 = 8 m

h) 9 cm · 6 = 54 cm

i) 4 cm · 8 = 32 cm

j) 9 hm · 8 = 72 hm

k) 5 dm · 7 = 35 dm

l) 6 cm · 4 = 24 cm

28. **Multipliziere diese Längen und gib das Ergebnis der größtmöglichen Einheit an:**

a) 11 m · 4 = 44 m (: 10) = 4,4 dam

b) 10 dam · 4 = 40 dam (: 10) = 4 hm

c) 14 m · 8 = 112 m (: 10) = 11,2 dam (: 10) = 1,11 hm

d) 11 mm · 6 = 66 mm (: 10) = 6,6 cm

e) 8 m · 4 = 32 m (: 10) = 3,2 dam

f) 12 hm · 9 = 108 hm (: 10) = 10,8 km

g) 15 dam · 9 = 135 dam (: 10) = 13,5 hm (:10) = 1,35 km

h) 9 m · 6 = 54 m (: 10) = 5,4 dam

i) 15 m · 5 = 75 m (: 10) = 7,5 dam

j) 10 cm · 2 = 20 cm (: 10) = 2 dm

k) 9 hm · 3 = 27 hm (: 10) = 2,7 km

l) 9 dam · 7 = 63 dam (: 10) = 6,3 hm

29. **Multipliziere diese Längen und gib das Ergebnis in der richtigen Einheit an:**

a) 4 m · 8 m = 32 m²

b) 2 dam · 8 dam = 16 dam²

c) 5 dm · 30 dm = 15 dm²

d) 2 cm · 7 cm = 14 cm²

e) 9 m · (7 dam · 10) = 9 m · 70 m = 630 m²

f) 2 dm · (8 m · 10) = 2 dm · 80 dm = 160 dm²

g) 2 dam · (2 hm · 10) = 2 dam · 20 dam = 40 dam²

h) 3 m · (8 dam · 10) = 3 m · 80 m = 240 m²

i) 6 m · (2 dam · 10) = 6 m · 20 m = 120 m²

j) 7 dm · (8 m · 10) = 7 dm · 80 dm = 560 dm²

k) 9 mm · (5 cm · 10) = 9 mm · 50 mm = 450 mm²

l) 6 mm · (8 cm · 10) = 6 mm · 80 mm = 480 mm²

30. Dividiere diese Längen:

a) 24 cm : 4 cm = 6

b) 45 cm : 5 cm = 9

c) 56 mm : 7 mm = 8

d) 32 dam :8 dam = 4

e) 40 dm : 5 dm = 8

f) 25 mm : 5 mm = 5

g) 54 m : 9 m = 6

h) 63 cm : 9 cm = 7

i) 10 hm : 5 hm = 2

j) 27 m : 9 m = 3

k) 18 dm : 2 dm = 9

l) 64 hm : 8 hm = 8

31. Dividiere diese Längen:

a) 65 dam : 5 = 13 dam

b) 44 m : 4 = 11 m

c) 80 m : 8 = 10 m

d) 18 dam : 2 = 9 dam

e) 80 dam : 8 = 10 dam

f) 70 dam : 5 = 14 dam

g) 45 hm : 5 = 9 hm

h) 135 m : 9 = 15 m

i) 90 cm : 9 = 10 cm

j) 90 hm : 6 = 15 hm

k) 44 dam : 4 = 11 dam

l) 28 hm : 2 = 14 hm

32. Dividiere diese Längen:

a) (12 hm · 10) : 6 dam = 120 dam : 6 dam = 20

b) (4 dam · 10) : 2 m = 40 m : 2 m = 20

c) (49 m · 10) : 7 dm = 490 dm : 7 dm = 70

d) (28 cm · 10) : 7 mm = 280 mm : 7 mm = 40

e) (64 cm · 10) : 8 mm = 640 mm : 8 mm = 80

f) (36 m · 10) : 9 dm = 360 dm : 9 dm = 40

g) (16 km · 10) : 2 hm = 160 hm : 2 hm = 80

h) (12 hm · 10) : 3 dam = 120 dam : 3 dam = 40

i) (16 cm · 10) : 8 mm = 160 mm : 8 mm = 20

j) (18 cm · 10) : 9 mm = 180 mm : 9 mm = 20

k) (56 m · 10) : 7 dm = 560 dm : 7 dm = 80

l) (18 dam · 10) : 6 m = 180 m : 6 m = 30

33. Löse die Textaufgaben:

a) 5 km (· 10) = 50 hm (· 10) = 500 dam (· 10) = 5.000 m   *Umrechnen der Gesamtlänge in m*

    5.000 m : 200 m = 25   *Berechnung der Rundenanzahl*

    → *Der 5-km-Lauf besteht aus 25 Runden.*

b) 1,52 m (· 10) = 15,2 dm (· 10) = 152 cm   *Umrechnen der Größe in cm*

    152 cm + 3 cm = 155 cm   *Größe im ersten Jahr*

    20 mm (: 10) = 2 cm   *Umrechnen des Wachstums in cm*

    155 cm + 2 cm = 157 cm   *Größe im zweiten Jahr*

    → *Jenny ist jetzt 157 cm groß.*

c) 0,6 m (· 10) = 6 dm   *Umrechnen der Schrittlänge in dm*

    18.000 · 6 dm = 108.000 dm   *Berechnung der Gesamtstrecke*

    108.000 dm (: 10) = 10.800 m (: 10) = 1.080 dam

      1.080 dam (: 10) = 108 hm (: 10) = 10,8 km   *Umrechnen der Strecke in km*

    → *Der Wanderer hat eine Strecke von 10,8 km zurückgelegt.*

d) 4 · 15 cm = 60 cm   *Länge der 4 Teile mit 15 cm*

    60 cm (: 10) = 6 dm   *Umrechnen der Länge in dm*

    7 · 4,3 dm = 30,1 dm   *Länge der 7 Teile mit 4,3 dm*

    4,2 m (· 10) = 42 dm   *Umrechnen der Gesamtlänge in dm*

    42 dm − 6 dm − 30,1 dm = 5,9 dm   *Berechnen der Länge des Reststückes*

    → *Das Reststück ist 5,9 dm lang.*

e) (2 · 5,4 m) + (2 · 4,2 m) = 10,8 m + 8,4 m = 19,2 m   *Berechnen der Gesamtlänge*

    80 cm (: 10) = 8 dm   *Umrechnen der Türlänge in dm*

    19,2 m (· 10) = 192 dm   *Umrechnen der Gesamtlänge in dm*

    192 dm − 8 dm − 12 dm = 172 dm   *Berechnen der Gesamtlänge ohne Türen*

    172 dm (: 10) = 17,2 m   *Umrechnen der Länge in m*

    → *Die Fußleiste ist insgesamt 17,2 m lang.*

f) 22,3 m + 6,5 m = 28,8 m   *Länge 2. Haus*

    28,8 m − 1,6 m = 27,2 m   *Länge 3. Haus*

    27 m + 2 m = 29 m   *Länge 5. Haus*

    22,3 m + 28,8 m + 27,2 m + 27 m + 29 m + 32 m = 166,3 m   *Berechnen der Gesamtlänge*

    → *Die Häuserreihe ist 166,3 m lang.*

g) $350 \cdot 11{,}25$ m $= 3.937{,}5$ m   *Berechnung der Gesamtlänge der Schienen*

   20 mm $(\cdot\ 10) = 2$ cm   *Umrechnen des Abstandes in cm*

   $349 \cdot 2$ cm $= 698$ cm   *(1x weniger)*   *Berechnung des Gesamtabstandes*

   698 cm $(:\ 10) = 69{,}8$ dm $(:\ 10) = 6{,}98$ m   *Umrechnen des Gesamtabstandes in m*

   $3.937{,}5$ m $+ 6{,}98$ m $= 3.944{,}48$ m   *Berechnen der Gesamtlänge*

   $3.944{,}48$ m $(:\ 10) = 394{,}448$ dam $(:\ 10) = 39{,}4448$ hm

     $39{,}4448$ hm $(:\ 10) = 3{,}94448$ km $\approx 3{,}9$ km   *Umrechnen der Gesamtlänge in km*

   $\rightarrow$ *Die Eisenbahnschienen sind etwa 3,9 km lang.*

h) $3{,}14$ m $\cdot 500 = 1570$ m   *Berechnen der Gesamtlänge*

   1.570 m $(:\ 10) = 157$ dam $(:\ 10) = 15{,}7$ hm   *Umrechnen der Gesamtlänge in km*

     $15{,}7$ hm $(:\ 10) = 1{,}57$ km $\approx 1{,}6$ km

   $\rightarrow$ *Der Wagen ist ungefähr 1,6 km weit gekommen.*

i) 60 cm/Jahr $:\ 10 = 6$ dm/Jahr   *Umrechnen der Wachstumshöhe in dm*

   7 m $- 1$ m $= 6$ m   *Berechnen der verbleibenden Höhe*

   6 m $(\cdot\ 10) = 60$ dm   *Umrechnen der verbleibenden Höhe in dm*

   60 dm $:\ 6$ dm/Jahr $= 10$ Jahre   *Berechnen der Zeitdauer*

   $\rightarrow$ *Nach 10 Jahren ist der Kirschbaum gleich hoch wie das Haus.*

j) 235 cm $(:\ 10) = 23{,}5$ dm $(:\ 10) = 2{,}35$ m   *Umrechnen des Stoffes in m*

   $1{,}55$ m $+ 2{,}35$ m $= 3{,}9$ m   *Berechnen der Gesamtlänge*

   $\rightarrow$ *Die Verkäuferin muss insgesamt 3,9 m Stoff abschneiden.*

k) $7{,}2$ m $:\ 3 = 2{,}4$ m   *Berechnen einer Teillänge*

   $\rightarrow$ *Jeder Teil ist 2,4 m lang.*

l) 374 hm $\cdot 22 = 8.228$ hm   *Berechnen der Strecke pro Monat*

   8.228 hm $(:\ 10) = 822{,}8$ km   *Umrechnen einer Fahrt in km*

   $\rightarrow$ *Er legt in einem Monat 822,8 km zurück.*

34. Löse die Textaufgaben:

a) $2{,}744$ km $(\cdot\ 10) = 27{,}44$ hm $(\cdot\ 10) = 274{,}4$ dam

     $274{,}4$ dam $(\cdot\ 10) = 2.744$ m   *Umrechnen der Höhe Hochwanner in m*

   $27{,}13$ hm $(\cdot\ 10) = 271{,}3$ dam $(\cdot\ 10) = 2.713$ m   *Umrechnen der Höhe Watzmann in m*

   2.962 m $+ 2.744$ m $+ 2.713$ hm $= 8.419$ m   *Berechnen der Gesamthöhe*

   8.848 m $- 8.419$ m $= 429$ m   *Berechnen des Höhenunterschiedes*

   $\rightarrow$ *Der Mount Everest ist 429 m höher als alle drei Berge zusammen.*

b) 56 dm : 16 = 3,5 dm   *Berechnen der Höhe eines Steinblocks*

→ *Ein Steinblock ist 3,5 dm hoch.*

c) 2,95 m − 2,61 m = 0,34 m   *Berechnen des Höhenunterschiedes*

0,34 m (· 10) = 3,4 dm (· 10) = 34 cm   *Umrechnen des Höhenunterschiedes in cm*

→ *Der Baum ist in diesen 3 Jahren 34 cm gewachsen.*

d) 8,6 km (· 10) = 86 hm (· 10) = 860 dam (· 10) = 8.600 m   *Umrechnen der Gesamtlänge in m*

8.600 m − 6.324 m = 2.276 m   *Berechnen der Länge des Schotterweges*

→ *Es sind noch 2.276 Meter Schotterweg.*

e) 2,82 m · 10 = 28,2 dm · 10 = 282 cm   *Umrechnen der Garagenbreite in cm*

1.780 mm (: 10) = 178 cm   *Umrechnen der Fahrzeugbreite in cm*

282 cm − 178 cm − 15 cm = 89 cm   *Berechnen des Platzes zum Aussteigen*

→ *Leah hat noch 89 cm Platz.*

f) 3,75 km · 8 = 30 km   *Berechnen der Gesamtstrecke*

→ *Sie legen während dem Rennen eine Strecke von 30 km zurück.*

g) 42 · 1,5 m = 63 m   *Berechnen der Gesamtlänge aller Taustücke*

100 m − 63 m = 37 m   *Berechnen des Reststückes*

→ *Das Reststück ist 37 m lang.*

h) 100 hm (: 10) = 10 km   *Umrechnen der Differenz 2. Tag in km*

58 km − 10 km = 48 km   *Berechnen der Strecke 2. Tag*

58 km + 15 km = 73 km   *Berechnen der Strecke 3. Tag*

510 hm (: 10) = 51 km   *Umrechnen der Strecke 4. Tag*

58 km + 48 km + 73 + 51 km = 230 km   *Berechnen der Gesamtstrecke*

→ *Er legt insgesamt 230 km zurück.*

i) (2 · 15 m) + (2 · 20 m) = 30 m + 40 m = 70 m   *Berechnen der Gesamtlänge*

70 m : 2,5 m = 28   *Berechnen der Anzahl der Zaunfelder*

→ *Es werden 28 Zaunfelder benötigt.*

j) 30 · 5,6 cm = 168 cm   *Berechnen der Gesamtlänge*

168 cm (: 10) = 16,8 dm (: 10) = 1,68 m   *Umrechnen der Gesamtlänge in m*

→ *Die Reihe der Bücher ist 1,68 m lang.*

k) 623 m : 3,5 m = 178   *Berechnen der Anzahl der Träger*

→ *Es werden 178 Träger benötigt.*

Über die Website

Unter dem Motto „leichter Mathe lernen in der Community!" bietet dir das kostenlose Webportal **mathetreff-online.de** bei deinem Besuch viele Infos rund um das Thema Mathematik an. Die Inhalte sind hauptsächlich für Grund-, Haupt- und Realschüler optimiert, können aber auch für andere Schularten verwendet werden.

Die Website ist in drei große Bereiche unterteilt:

- Im Bereich **Wissen** findest du unser Mathelexikon. Damit angefangen, eine „normale" Formelsammlung für die eigene Realschule mit entsprechenden Beispielen bereitzustellen, finden sich heute über 700 Einträge von A wie Abbildungsmaßstab bis hin zu Z wie Zylinder. Als Ergänzung und „Mathelexikon2go" findest du hier auch unser umfangreiches Karteikartensystem zum Basteln.
- Im Bereich **Action** findest du Übungsaufgaben zu verschiedenen Themen zum Rechnen, aber auch Konstruktionen (natürlich mit entsprechender ausführlicher Lösung). Außerdem sind viele interaktive Lektionen verfügbar, die du direkt am Computer „durcharbeiten" kannst.
- In der Rubrik **Fun** soll der Spaß nicht zu kurz kommen. Hier findest du viele Matherätsel und Mathewitze, Quiz und online abrufbare Spiele sowie unzählige Bastelbögen, mit denen du allerlei mathematische Körper basteln kannst.

Grundsätzlich lässt sich die Website ohne Registrierung nutzen. Damit du selbst jedoch Forenbeiträge oder Kommentare schreiben kannst, ist eine kostenlose Registrierung erforderlich.

Wir freuen uns auf deinen Besuch unter https://www.mathetreff-online.de!